PREDICACION MANOS A LA OBRA

LUIS PALAU

Publicado por
Editorial **Unilit**
Miami, Fl. U.S.A.

Primera edición 1995

Asesoría editorial y redacción: Leticia Calçada

Cubierta diseñada por:

Producto 498629
ISBN 0-7899-0106-4
Impreso en Colombia
Printed in Colombia

INDICE GENERAL

SEGUNDA PARTE: *EL PREDICADOR*

INTRODUCCION

Vivimos en un momento con oportunidades sin precedentes en la proclamación del mensaje de Dios. Tenemos libertad y más tecnología disponible que cualquier otra generación.

En varios países los cristianos están teniendo una influencia creciente en el gobierno y la sociedad en general. Gente de todos los estratos sociales asiste a estudios bíblicos y reuniones de oración. Muchas iglesias que predican el evangelio vivo de Jesucristo están repletas. Por otra parte, numerosos países están experimentando el más significativo período de evangelismo masivo de la historia. Estamos en medio de una gran cosecha espiritual.

Creo que por las oraciones de millares de cristianos en cada nación, la predicación de la Palabra de Dios conducirá a un gran avivamiento que dejará rastros imborrables en generaciones futuras. No es que seamos grandes predicadores del evangelio sino predicadores de un gran evangelio.

Para que esto se cristalice es menester edificar en la fe al Cuerpo de Cristo. Es así que veremos fruto, crecimiento y un más profundo conocimiento de Dios. Los cristianos gozarán de más seguridad en su caminar, tendrán una esperanza más clara en cuanto al futuro, y vivirán en más gozosa obediencia.

Sin embargo, es triste ver tanto iglesias como cristianos que sufren de anemia espiritual. La solución está en el alimento sólido y nutritivo que reciban los creyentes. Pablo encargó de manera especial que Timoteo se dedicara a la predicación de la palabra y a la enseñanza: *Te encarezco delante de Dios y del Señor Jesucristo, que juzgará a los vivos y a los muertos en su manifestación y en su reino, que prediques la palabra; que instes a tiempo y fuera de tiempo; redarguye, reprende, exhorta con toda paciencia y doctrina* (2 Ti. 4:1-2).

A través de la historia del cristianismo, los grandes siervos de Dios y los predicadores eficaces han exaltado el método de predicación expositiva. Bernard Ramm, quien fuera un renombrado profesor y escritor, declara: "El método que corona la predicación es el método expositivo".

Durante la Reforma del siglo XVI, el púlpito suplantó al altar. Me refiero al púlpito con la Biblia abierta ocupando el lugar céntrico. Ese fue y es el símbolo del púlpito cristiano evangélico: una tribuna desde la cual todo el mundo puede escuchar la Palabra de Dios abierta y aplicada a las necesidades del momento.

Durante los primeros siglos de la era cristiana Justo Mártir (siglo I), Juan Crisóstomo (siglo IV) y San Agustín (siglo V) fueron primordialmente expositores de la Sagrada Escritura. En la Edad Media, Calvino lo fue por excelencia. (Quizás haya sido el más grande expositor de toda la historia.) En el siglo pasado se destacan predicadores como C.H. Spurgeon, G. Campbell Morgan, F.B. Meyer, que nos han dejado legados escritos de un poderoso ministerio expositivo.

El Dr. Billy Graham hace tiempo manifestó que si fuera pastor nuevamente, vez tras vez predicaría sermones expositivos hasta que la gente estuviera embebida con las grandes doctrinas de la Biblia. ¡Prediquemos también nosotros con ese propósito en mente!

PRIMERA PARTE:

LA PREDICACION

A. Teología de la predicación
B. La predicación expositiva

A. TEOLOGIA DE LA PREDICACION

Estoy convencido de que el llamado de Dios a la predicación y a la enseñanza es uno de los más honrosos cargos que un cristiano pueda recibir. Es un llamado divino pues en algún momento prácticamente hemos oído una voz del cielo diciendo: "Quiero que prediques el evangelio." Es como una presión interior, una compulsión, a la vez que un deseo, un sueño.

Es recomendable que antes de seguir con este tema el lector lea y medite en los siguientes pasajes bíblicos que proveen el fundamento para una comprensión más integral de la perspectiva escritural que presentaremos: Jer. 1: 4-10; 1 Co. 1:17-25; 2:1-12; Gá. 1:15-16; 2:7.

Me fascina la teología de la predicación pues nos mete en el significado, la razón, el propósito y todo el concepto de la predicación en sí.[1]

1. Lo que sigue y hasta el fin de este capítulo es más que nada un bosquejo del tema de la teología de la predicación. No todos los puntos están desarrollados en detalle pues el objetivo es proporcionar al lector una base sobre la cual él pueda desarrollar sus propias ideas. Se recomienda un estudio individual de estos conceptos, de acuerdo a la necesidad e interés particulares.

A. PREDICACION ES PROCLAMACION

Proclamar es anunciar en alta voz una cosa para que se haga notoria a todos (Ver Jon. 3:2). Es una presentación dinámica.[2] El heraldo, por ejemplo, proclama en alta voz.

Hace años le preguntaron a Billy Graham: —¿Cómo se ve usted como evangelista?

—Soy sólo un mensajero —respondió—. Recibí un telegrama, y me piden que lo entregue. Es como si me encomendaran proclamar ese mensaje. Lo hago, y me voy.

Sólo somos heraldos: *Lo que hemos visto y oído, eso os anunciamos.... Este es el mensaje que hemos oído de él y os anunciamos* (1 Jn. 1:3,5 y ver Hch. 8:4). El apóstol Pablo se consideraba sólo un mensajero de Dios (1 Co. 15:1-4). Nuestra meta es presentar la verdad como lo hacía Pablo.

¿Qué es lo que debemos proclamar y cómo debemos hacerlo?

1. *Lo que proclamamos*

a. ***La persona divina,*** por lo tanto la proclamación es sagrada (Ex. 9:16).

b. ***La verdad divina.*** Juan el bautista claramente dio testimonio de la verdad (Jn. 5:33).

c. ***La revelación divina*** (Ro. 16:25-26; Gá. 1:12). Estamos hablando de parte de Dios.

2. *Cómo lo proclamamos*

Con autoridad. No nos levantamos y simplemente decimos: "Cuando leo la Biblia a veces pienso que quizás..." Cuando uno proclama y tiene un sólido fundamento en la Escritura, tiene autoridad, y uno puede asegurar con confianza que el mensaje es Palabra de Dios (2 Co. 13:10).

---

2. Ver Sal. 96:3; Is. 61:1-2; Jer. 7:2.

El mensaje es proclamación pues se presenta con autoridad y vigor dignos del Dios de quien proviene.

En el mundo de hoy no se oye tanto la voz de Dios sino voces extrañas que hablan con pretendida autoridad humana.[3] Sin embargo, quien proclama el mensaje con autoridad divina tiene la innegable ventaja de que el oyente sabe en lo íntimo de su alma que está oyendo una verdad de Dios. El cristiano en general y el predicador en particular tienen autoridad pues Dios les ha dado espíritu de poder (Hch. 1:8).

Debemos hablar con autoridad espiritual, y aun nuestros gestos corporales deben transmitir cierta medida de autoridad. Somos generales en el ejército de Dios, y hemos recibido órdenes del comandante en jefe.

3. ***Proclamación y no argumentación.*** Pablo declaró: *Cuando fui a vosotros para anunciaros el testimonio de Dios, no fui con excelencia de palabras o de sabiduría* (1 Co. 2:1). El apóstol no estaba usando gran cantidad de argumentos. Esto no quiere decir que seamos irracionales, pero nuestro objetivo no es mostrar a la gente que somos sabios.

Es bueno recordar la vieja historia del siglo pasado: Dos personas estaban visitando dos iglesias en Londres un domingo a la mañana. Salieron de una iglesia y comentaron: "¡Qué gran predicador!" Luego fueron a la iglesia de Spurgeon, y cuando el culto terminó dijeron: "¡Qué gran Salvador!"

Uno puede ser elocuente cuando habla de Cristo, pero debemos estar tan centrados en El que la gente no piense en nosotros sino en el Salvador a quien proclamamos.

4. ***Proclamación del reino de Dios.*** Estamos proclamando el reino de Dios (Lc. 16:16; Jn. 3:3), de manera que debemos hacerlo con toda autoridad.

---

3. El auge de las sectas, por ejemplo, se debe en gran manera a la necesidad de la gente de que les hablen con autoridad. Estos líderes pretenden tenerla, y la gente los sigue.

5. ***Proclamación de la Palabra de Dios.*** Estamos tratando con la Palabra de Dios, de manera que debemos hacerlo con reverencia (1 P. 1:25).

6. ***Proclamación o anuncio de gran gozo.*** Es el gozo de las buenas noticias (Lc. 2:10), de la oferta del perdón, de conocer a Dios, de todas las promesas de la Biblia.

Debe haber un toque de gozo, libertad, de conocer las promesas de Dios.

B. PREDICACION ES REVELACION

Como siervos, se nos han confiado los secretos de Dios (1 Co. 4:1), y al predicar debemos revelar esos secretos.[4]

1. ***Revelación a los que ignoran las cosas de Dios.*** En muchos casos estamos dando una revelación a oyentes que son ignorantes en cuanto a las cosas de Dios, y están en tinieblas (Ef. 4:18). Estamos revelando verdades que la gente no conoce.

2. ***Revelación de la salvación.*** Doménico Grasso, un profesor de teología en la Universidad de Roma, dice: "Predicar es proclamar el misterio de la salvación con los objetivos de conversión a la fe y profundización de la vida cristiana." Hay proclamación de un misterio.

3. ***Revelación de las más profundas doctrinas*** (Sal. 78:2; Ef. 3:9).

4. ***Revelación de los caminos de Dios.*** Revelación en el sentido de que ayudamos a la gente a entender los caminos de Dios (Sal. 67:2; 103:7).

---

4. Este tema está íntimamente relacionado con el punto J, la predicación como misterio.

5. ***Revelación del andar cristiano.*** Hoy día la gente tiene su propia opinión de lo que es la forma de vida cristiana, por eso se hace preciso definir qué es en realidad (Ef. 4:1; Col. 1:10).

6. ***Revelación del futuro.*** En el Nuevo Testamento hay 430 referencias a la segunda venida de Cristo, de manera que no podemos ignorarla. No discutamos sobre los detalles. De una cosa estamos seguros: El regresará, nos llevará al cielo, nuestros cuerpos serán transformados (Jn. 16:13; 1 Co. 2:9).

7. ***Revelación a través de la Escritura*** (He. 1:1-2), donde Dios ha revelado su voluntad y sus caminos.

8. ***Revelación, pero sólo si el predicador es fiel a la Escritura*** (Pr. 13:17; 1 Co. 4:2).

C. PREDICACION ES COMUNICACION

1. ***Comunicación del mensaje de Cristo*** hasta lo último de la tierra (Hch. 1:8). Que siguiendo el ejemplo de Pablo podamos exclamar: *Todo lo he llenado del evangelio de Cristo* (Ro. 15:19). Juan Wesley solía decir: "Les ofrecí a Cristo."

2. ***Comunicación comprensible.*** Estamos tratando de entender las profundas verdades de Dios, de simplificarlas y hacerlas entendibles. Aunque estamos predicando un misterio, no deseamos ser misteriosos (Sal. 119:130). Utilicemos imágenes, parábolas, ilustraciones, todos los medios necesarios para llegar a quien escucha.

3. ***Comunicación que ilumina.*** Debe ser una enseñanza tan clara en nuestra mente que podamos transmitirla con facilidad (Sal. 43:3).

4. ***Comunicación a través de un canal humano y falible.*** El Espíritu Santo obra aun en nuestras debilidades y aplica la palabra (Hch. 9:15; 13:47).

5. ***Comunicación de amor y en amor.*** No somos llamados a insultar ni ofender. La predicación por naturaleza no es combativa, con excepción de hacia los hipócritas. Mostremos amor y compasión, y animemos a los oyentes con las promesas de Dios, que son palabras de gracia y misericordia. La mayor parte del Nuevo Testamento es una promesa compasiva, perdonadora, amante, paciente y animadora.[5]

D. PREDICACION ES DIALOGO

El diálogo es una manera de comunicar la verdad con sabiduría. De acuerdo a San Agustín, es el método de Jesucristo. El toma la iniciativa de amar, expresar su amor, y hacer preguntas; y luego espera la respuesta. La predicación es diálogo en ese sentido.

1. ***Del Creador a la criatura.*** Debemos asegurarnos de que Cristo tenga la preeminencia para que el Creador hable a través del predicador, no viceversa (2 Co. 4:5).

2. ***Del Padre al hijo.*** Esto sucede una vez que nos hemos convertido en hijos de Dios (Ro. 8:15; 2 Co. 6:18). Cuando estamos hablando a la iglesia en particular, recordemos que es diálogo y seamos razonables como un padre, como un abuelo. Al hablar a la congregación, usemos lógica, bondad, y compasión. Pensemos en el corazón paternal de Dios.

3. ***De Amigo a amigo.*** Es un diálogo de un Amigo hablando a sus amigos (Jn. 15:15), quienes a su vez transmitirán el mensaje a otros.

---

5. Ver Jer. 31:3.

4. ***Diálogo que el predicador facilita por designio divino.*** Somos intermediarios. Le estamos presentando al oyente al Señor Jesús. Esto sucede por designio divino. Es como si tomáramos la mano de la persona y la lleváramos a Jesús.

5. ***Diálogo en que Dios se revela a sí mismo y espera que hagamos lo mismo.*** Dios abre su corazón. En la Escritura vemos el carácter de Dios porque El quiso revelarlo, y espera que nosotros hagamos lo mismo. Estamos creando un diálogo en el que tratamos de que la gente que escucha se abra a Dios, no a nosotros. Animémoslos a dejar el silencio y hacer confesión apropiada (Sal. 32). Que haya gratitud, adoración, sumisión, oración.

E. PREDICACION ES PROVOCACION

Cuando predicamos debemos ser conscientes de que estamos provocando un conflicto, un choque.

1. ***Predicar es provocar un encuentro entre Dios y el ser humano.*** Debemos vernos a nosotros mismos desde la perspectiva teológica del profeta Amós cuando exhortó a Israel: *Prepárate para venir al encuentro de tu Dios* (4:12). No predicamos sólo con simples palabras que habrán de olvidarse, sino que estamos provocando un encuentro entre Dios y el hombre.

2. ***Predicar es provocar fe.*** No que nosotros mismos producimos fe, sino que la persona recibe de Dios el don de la fe (Ro. 10:17).

Cuando estamos hablando a un no cristiano o cuando predicamos a nuestra congregación, estamos allí para despertar y provocar la fe al presentar un mensaje. Este mensaje es palabra de Cristo, y de tal manera que la persona dice: "Oí una promesa. Hay esperanza. Estoy lleno del fuego de Dios." Y si es inconverso: "Esto es lo que he estado buscando."

3. ***Es provocación a la obediencia.*** No predicamos para compartir pensamientos maravillosos, contar historias graciosas y relatar magníficas ilustraciones. Todo puede ser parte del mensaje, pero nuestra misión es provocar obediencia (2 Tes. 1:8). Queremos lograr que la gente diga con sinceridad: "Quiero obedecer a Dios."

4. ***Provocación por el poder del Espíritu Santo.*** Si no confiamos en el poder del Espíritu de Dios, todo se reduce a un esfuerzo inútil de nuestra parte para transformar a una persona. No veremos una tarea eterna en el alma de esa persona a menos que haya provocación producida por el Espíritu Santo en nosotros (Neh. 9:20).

F. PREDICACION ES ENCUENTRO PERSONAL

1. ***Encuentro personal con Dios mismo,*** encuentro sagrado que tiene lugar en el tiempo y en el espacio (Jn. 6:35; Am. 4:12). Dicho encuentro es con Dios, aunque la palabra llega por voz humana.

2. ***Encuentro personal entre Jesucristo y cada persona.*** Es un encuentro personal porque Cristo está golpeando a la puerta de cada individuo (Ap. 3:20).

G. PREDICACION ES DRAMA[6]

El evangelio es una narración dramática de un evento en la historia del mundo. Ponga su alma y todo su ser en el mensaje. Haga una presentación dramática del mensaje y del compromiso con Cristo.

---

6. Drama es una condición, situación o serie de eventos que incluyen conflictos intensos o de interés y que contiene las características de una obra dramática (teatral, por ejemplo).

1. ***Pinta a Cristo crucificado.*** El Hijo de Dios encarnado debe ser proclamado en su crucifixión. Así lo hizo Pablo para con los gálatas: *¿Quién os fascinó para no obedecer a la verdad, a vosotros ante cuyos ojos Jesucristo fue claramente presentado como crucificado?* (3:1).

Una de las traducciones modernas dice: "Pintando en vivos colores a Cristo". Describimos a Cristo como El es en toda su gloria.

Lo que Pablo está diciendo es que si bien los gálatas no habían estado presentes en la crucifixión, Pablo predicó tan poderosamente con vivas imágenes dramáticas, que les podía decir que habían visto a Cristo crucificado. Era como si hubieran estado al pie de la cruz.

2. ***Es drama porque la persona está ante Dios.*** Una de las cosas grandiosas de ser predicador es que Dios nos usa para aislar al individuo y hablarle. Es como si no hubiera nadie más, sólo Jesús y cada una de las almas a solas con Dios.

Por otra parte, en un sentido la persona no está sola pues el Espíritu Santo la está ayudando a prestar oídos a la voz de Dios (Mt. 11:25-26).

3. ***Es un drama en la hora de decisión,*** donde la opción es obediencia a Dios o rebelión. Y la hora de decisión no es simplemente la conversión. Ese es el primer paso. La vida cristiana es un camino de obediencia (He. 4:7).

De manera lenta vamos profundizando en la Palabra y en las cosas de Dios. Al final viene un momento de compromiso, de apropiarse en forma personal del mensaje. Dicho mensaje requiere la decisión ya sea de obedecer, purificarse, confesar, creer.

4. ***Es una aventura espiritual,*** un drama donde la fe ocupa un lugar central.

5. ***Es un evento de dimensiones cósmicas:*** Vida o muerte. Cielo o infierno. Lo que sucede hoy aquí puede tener efectos en toda la ciudad, en todo el país, en todo el continente. La persona

que hoy nos escucha dentro de treinta años puede llegar a ser un reconocido líder nacional; alguien en el auditorio tal vez se convierta en juez con el poder de afectar la ética y moral de la nación. Y otros que nos escuchan tendrán influencia en su familia, en su vecindario, y tal vez en la sociedad.

6. ***Es drama pues obliga y constriñe.*** El mensaje de Dios predicado en el poder del Espíritu es algo persuasivo (Hch. 26:27-29; Stg. 1:21).

Nuestro propósito es elevar a Cristo. Es un momento dramático en la vida de los oyentes, sean cristianos o inconversos.

H. PREDICACION ES RECONQUISTA

Reconquista de terreno o posesiones perdidas. Juan Wesley dijo: "Queremos reformar la nación, particularmente la iglesia, y esparcir santidad escritural por esta tierra."

1. ***Reconquista de las masas paganas descristianizadas.*** La única manera de reconquistarlas es predicando la Palabra de Dios. El objetivo es reclamar a la nación para Dios, y reconquistar congregación tras congregación. Plantar iglesias bíblicas es construir la nación.

Hablamos de masas descristianizadas pues han perdido todo concepto de principios bíblicos. No tienen idea de Jn. 3:16 ni de los Diez Mandamientos. Son descristianizadas pues viven como paganos.

Evangelismo es acción social, la más profunda acción social, la única acción social digna de su nombre ya que cambia corazones (Mt. 24:14).

2. ***Reconquista a través de la evangelización.*** La manera de reconquistar a una nación corrompida es proclamar el evangelio a través de la predicación. No simplemente evangelismo masivo, sino también evangelismo en la iglesia local.

Toda iglesia debería ser una bola de fuego que proclama el evangelio y deja de lado cosas secundarias. La iglesia se ha vuelto débil. No estamos criando a nuestros hijos con sólidas convicciones de lo bueno y lo malo, de blanco y negro, de Dios, el cielo, el infierno y el juicio, de gracia, misericordia y poder. Consecuentemente la nación está en decadencia.

Unámonos al salmista en la predicación de la gloria y las maravillas de Dios (Sal. 96:3).

3. ***Reconquista a través de exposición bíblica,*** no sólo por medio de la evangelización. La mayoría de la Biblia es clara, de manera que al predicar dejemos los detalles confusos, pongamos la mira en los temas claros, y proclamemos con autoridad porque a través de la predicación hay reconquista.

4. ***Reconquista de las ovejas perdidas.*** En el rebaño hay muchas ovejas que se han apartado y deben regresar (Mt. 10:16). Nuestra oración debe ser: "Señor, por tu gracia dame una palabra de ánimo, de perdón, de edificación, de recuperación, de perseverancia; una palabra que haga nacer en la gente fuego de Dios, una promesa que los anime." Cuando oramos de ese modo, estamos reconquistando hombres y mujeres que se han apartado del camino, y podemos ser instrumentos de Dios para que regresen a la senda del Señor.

I. PREDICACION ES DEMANDA

El Espíritu Santo hace la demanda.

1. ***El Espíritu Santo está en el predicador*** (Jn. 14:16,26). Todo ministerio que no esté ungido por el Espíritu de Dios es sencillamente manipulación. El poder del Espíritu Santo jamás debe confundirse ni sustituirse por el poder de persuasión. Sólo Dios puede dar el don y ungir al creyente para el ministerio —ya sea como pastor, maestro, profeta, evangelista, predicador, etc.

Toda la energía física y mental combinada con todas las palabras ocurrentes y persuasivas imaginables, no pueden fabricar el poder del Espíritu, que otorga autoridad al mensaje.

2. ***El Espíritu mantiene viva la palabra que ha sido recibida.*** Nos preocupemos de las aves que puedan venir y robar la semilla (Ro. 8:16).

3. ***El Espíritu Santo enseña las profundas verdades de Dios.*** El Espíritu habla a nuestro ser interior, enseñando y guiándonos en las cosas de Dios. Y porque conoce la verdad, nos usa pero también nos corrige (Jn. 16:13; 1 Co. 2:10,13; 1 Jn. 5:6).

4. ***El Espíritu Santo nos ayuda a distinguir y aceptar su voz divina y a diferenciarla de la voz del hombre.*** El teólogo Doménico Grasso declaró: "La voz humana se esconde para que sólo la voz de Dios sea evidente."[7]

J. PREDICACION ES MISTERIO[8]

Estamos tomando las profundas cosas de Dios y abriéndolas (Ef. 3:3-4,9; Col. 4:3). Estamos proclamando el misterio de Dios en Cristo, el misterio del cuerpo de Cristo, el misterio de la iglesia. Nuestro propósito es que la gente entienda ese misterio. Dios nos llama a revelarlo.[9]

---

7. Para una exposición más completa de la obra del Espíritu Santo en el predicador, ver capítulo "La persona del predicador", punto A, en la segunda parte de este libro.
8. Misterio se refiere a un plan de Dios que no había sido revelado. No conlleva la idea de un secreto que se esconde sino que será anunciado (1 Co. 4:1). El misterio no es sólo una verdad que había permanecido escondida y ahora ha sido divulgada, sino que además contiene un elemento sobrenatural que permanece a pesar de la revelación.
9. Aunque hemos tratado este tema separadamente, en el punto B hay varios aspectos que se sobreponen.

1. ***Los temas son formidables.*** Las personas quieren que les hablemos sobre los misterios de la vida, y las respuestas están en la Escritura. El misterio de la creación, la caída, la encarnación, y por supuesto la reconciliación, la obra de Cristo, la resurrección, la ascensión, el retorno del Señor Jesús.

Dios fue manifestado en carne,
Justificado en el Espíritu,
Visto de los ángeles,
Predicado a los gentiles,
Creído en el mundo,
Recibido arriba en gloria.
(1 Ti. 3:16)

Al caminar con el Señor, El tomará las palabras de nuestra boca y las hará agradables a El y una bendición a los que nos escuchan (Jer. 15:19; Ef. 6:19).

2. ***Misterio de la obra del Espíritu Santo.*** El Espíritu de Dios usa nuestras palabras para que quienes nos escuchan realmente piensen los pensamientos de Dios.

Cuando estamos predicando el misterio, haciendo una exposición de la revelación, abriendo la verdad como boca de Dios, el Espíritu Santo está obrando en los cristianos y en los inconversos, y aplicando la Escritura a las almas (Jn. 14:26; 16:7-15).

3. ***Misterio de hablar al alma del oyente.*** Es asombroso pensar: "Estoy hablando al alma eterna que es parte de este cuerpo." Pero más asombroso aun es que Dios hable al alma del hombre: *He aquí Jehová nuestro Dios nos ha mostrado su gloria y su grandeza, y hemos oído su voz en medio del fuego; hoy hemos visto que Jehová habla al hombre* (Dt. 5:24).

4. ***Misterio porque el destino eterno de la persona está en juego.*** Esto se aplica tanto a un inconverso como a un creyente que se está alejando. Si el inconverso se convierte, su destino y propósito en la vida de pronto adquirirían significado. Nuestra oración debe ser: "Quiero que esta gente tenga un encuentro con Dios y que haya fuego en el corazón de ellos. Quiero el fruto de Dios. Quiero que las almas confiesen sus pecados, y que deseen vivir en santidad." (Ver Ef. 3:6; 1 Co. 2:7; Col. 1:26-27.)

5. *Misterio del velo rasgado.* Al predicar estamos haciendo que la gente entre al lugar santísimo *por el camino nuevo y vivo que él nos abrió a través del velo, esto es, de su sangre* (He. 10:20), a fin de que tengan una relación personal con el Señor Jesucristo.

El velo está abierto (He. 10:19,22), pero para algunos está cerrado. Es como si Dios dijera: "Quiero que entren en el lugar santísimo y dejen todo lo demás a un lado al menos durante una hora." Entremos. No nos quedemos en el patio exterior. Instemos a los demás a hacer lo mismo.

K. PREDICACION ES TEOLOGIA[10]

Si la predicación no fuera teología, no sería predicación desde una perspectiva bíblica.

1. *Teología es el conocimiento de Dios.* Predicamos con un profundo conocimiento de Dios y de las doctrinas de la Escritura que Dios revela (2 P. 1:3). Cuando decimos que estamos dando teología a los oyentes, lo que estamos diciendo es: "Les estoy dando lo que yo mismo sé sobre Dios." (Ver Pr. 9:10; Is. 11:9.)

Saturemos a la gente de los caminos de Dios y del temor de Dios. Pero no estamos hablando de un mero conocimiento

---

10. Gr. TEO, Dios, y LOGIA, estudio. Es el estudio de Dios, lo que se piensa y dice acerca de Dios.

técnico de Dios sino también de conducta moral (2 Ts. 2:15; 1 Ti. 4:6).

2. ***Verdadera teología porque está basada en la Biblia.*** Si no es así, debemos resistir el deseo de predicar nuestras propias teorías (Hch. 18:28). Al predicar, tratemos de llevar a la gente unos centímetros más en las cosas de Dios.

3. ***Teología básica.*** Hacemos teología basándonos en los aspectos fundamentales (1 Co. 3:11; 2:5). Centremos la atención en la cruz de Cristo, y que ésta sea parte de todos los sermones que predicamos.

Todo lo que Dios tiene en sus planes para este mundo y para el ser humano está centrado en la cruz, la cual pone cada cosa en su debida perspectiva.

4. ***Teología que hace que el oyente madure.*** Queremos que la gente tenga un poco más de amor, de confianza, de fe (2 Ts. 1:3; Jud. 20). Libros con promesas del Señor han hecho que mi fe aumente, y me han motivado a creer en Dios en tiempos de oscuridad y de prueba.

Nuestro mensaje debe contener teología, doctrina y promesas, de manera que haya crecimiento y madurez. La idea es permanecer en las cosas básicas y al mismo tiempo seguir construyendo sobre ellas.

5. ***Teología centrada en Cristo.*** Nunca olvidemos que aunque el evangelio salva a la gente del infierno y de la culpa, lo central es Cristo mismo (Mr. 1:1; Hch. 9:20).

L. PREDICACION ES PALABRA DE DIOS

El predicador debe repetirse una y otra vez: "Mientras yo entrego el mensaje, Dios está hablando"; necesita verse a sí mismo y al ministerio desde una perspectiva bíblica. El mensaje, el poder y los resultados vienen de Dios y son de Dios.

Cuando uno habla o predica, debe hacerlo *conforme a las palabras de Dios* (1 P. 4:11). Nuestra perspectiva debe ser: "Este mensaje es de Dios, éstas son palabras de Dios, por lo tanto: 'Así dice el Señor'" (Mt. 10:20).

1. *Palabra de Dios por boca de sus enviados.* Dice el Señor: *Si te convirtieres, yo te restauraré... y si entresacares lo precioso de lo vil, serás como mi boca* (Jer. 15:19. Ver también Dt. 18:18; Jn. 1:23).

2. *Palabra de Dios en la historia.* Estamos predicando en un contexto histórico. Mucho ha sucedido antes, y mucho ha de suceder aún si Jesús no regresa antes. Seamos conscientes de lo que ocurre en el mundo.

El Dr. G. Campbell Morgan[11] dijo: "El cristiano lee por las mañanas con la Biblia en una mano y el diario en la otra." Cuando leemos el periódico, consideremos lo que Dios está haciendo hoy en el mundo. Sintamos que somos parte de una secuencia histórica con todos los siervos de Dios, y que la iglesia del Señor no está aquí sólo hoy sino que ha existido por generaciones, y nosotros somos sólo una pequeña parte de la masiva iglesia de Dios.

3. *Palabra de Dios y por lo tanto maravillosa, gloriosa* (Sal. 119:129; 1 Ti. 1:11).

4. *Palabra de Dios, por lo tanto procede de la Escritura misma.* El mensaje debe proceder de la Escritura y no ser forzado a amoldarse a la Escritura. Eso es lo que significa exégesis, traer a la superficie. Cuando Elías hizo que el hacha flotara en el agua, en cierto sentido eso fue exégesis, hacer que lo que estaba en el fondo saliera a la superficie.

Nuestro mensaje debe proceder de la Escritura. En el momento en que nos desviamos de ella, entramos en problemas, y

---

11. Predicador inglés (1863-1942).

no sabemos a ciencia cierta si lo que decimos es verdad, si es nuestra imaginación, o si sencillamente es falso y engañoso.

Cuidémonos de ir a profundidades que van más allá de lo que está revelado en la Escritura. Si lo que decimos no está basado en la Biblia, tiene tanta validez como lo que otro hermano pudiera decir. Asegurémonos de estar fundamentados en la Palabra de Dios, no en la experiencia.

5. *Palabra de Dios, por lo tanto poderosa.* Jamás nos avergoncemos del Señor. Si algo está escrito, debemos transmitirlo (Mr. 8:38; Ro. 1:16).

6. *Porque es palabra de Dios, conduce a la fe.* La Escritura conduce a la fe (Ro. 10:17). Por esa razón hasta un creyente sin demasiada preparación ni entrenamiento puede predicar un simple mensaje, citar una serie de versículos bíblicos, con el resultado de que la gente se convierte. Sucede que la Palabra de Dios tiene poder para salvar.

Al citar la Escritura podemos estar seguros de que conduce a la fe porque es como si Jesús estuviera allí diciendo esas palabras.

7. *Palabra de Dios, y por lo tanto eficaz* (He. 4:12). Por experiencia propia sé que es verdad. Por ejemplo, si estoy sentado en la audiencia, al margen de quién sea el orador que cita la Escritura, de alguna manera esas palabras llegan a lo profundo de mi ser. Saber que la palabra de Dios es eficaz en sí misma resulta de gran ánimo para el predicador.

M. PREDICAR ES ENTREGAR UN MENSAJE

La gente viene a escucharnos esperando que en verdad tengamos un mensaje de parte de Dios para sus almas.

1. *Un mensaje, no un sermón.* Cuando tenemos un mensaje de Dios, debemos entregarlo como tal (1 Jn. 1:5). El sermón es la estructura que nos ayuda a entregar el mensaje, pero al predicar estamos allí para entregar ese mensaje. Este llegará al alma y tendrá poder porque proviene del trono de Dios.

2. *Es un mensaje, no doctrina sin vida.* Si nuestro corazón no está encendido con el Espíritu de Dios, sólo transmitiremos doctrina, verdad sin fuego. No confundamos la transmisión de mera doctrina con el poder del Espíritu Santo. El mensaje presenta al pueblo la verdad de la porción bíblica, pero no la aplicación de una verdad abstracta y filosófica sino la verdad como nos afecta aquí y ahora. Predicar es entregar un mensaje de Dios al alma. Es la verdad en su aplicación existencial. El maestro Andrew W. Blackwood[12] dice: "Vaya al púlpito para ayudar a la necesidad humana, no a explicar un pasaje."[13]

3. *Es un mensaje fresco.* Hay frescura en el mensaje pues hay (o debe haber) frescura en nosotros (Pr. 25:25). Que siempre haya una nueva verdad transmitida de manera distinta.[14]

4. *Un mensaje refrescante.* Entre los oyentes hay gente cansada, aburrida, hastiada. Prediquemos las buenas nuevas con una alegría que resulte contagiosa. La mayoría de la gente está desanimada y necesita con desesperación lo que Dios ofrece: palabras de ánimo, perdón, esperanza, futuro, propósito, gozo, bendición y la llenura del Espíritu Santo (Is. 28:12; Pr. 15:30).

---

12. Teólogo estadounidense, profesor en la Universidad de Princenton, autor del libro *Preparación de sermones*.
13. Sin embargo, tener presente punto L.6.
14. El evangelista Moody declaró: "Si vale la pena predicar determinado sermón una vez, vale la pena predicarlo cien veces. Y si no es digno de ser predicado cien veces, no lo prediquemos ni una sola vez." No a la misma audiencia, claro está, pero es digno de ser repetido porque es un mensaje que recibimos de Dios, y por eso debemos refrescarlo con fervor, con nuevas perspectivas, con ideas adecuadas al público y a las circunstancias —aunque la esencia del mensaje permanece inmutable.

5. ***Mensaje ungido por el Espíritu Santo.*** El mensaje no debe ser entregado en la carne. Preguntémonos: "Señor, ¿estoy lleno del Espíritu Santo? Si no lo estoy, límpiame y lléname otra vez. Quiero que tu Espíritu hable a través de mí, que me unja con poder, que me use." (ver 2 P. 1:21.)

6. ***Un mensaje de esperanza, poder, perdón, vida eterna, unión y comunión con Dios*** (Col. 1:27 y ver Jn. 17:21; Hch. 13:38; Ro. 1:16).

7. ***Mensaje de buenas noticias*** pues Cristo *vino y anunció las buenas nuevas de paz a vosotros, que estabais lejos, y a los que estaban cerca* (Ef. 2:17).

N. PREDICACION: ACTO DIVINO-HUMANO

Es un evento que tiene lugar en el tiempo y en el espacio. Algo está sucediendo hoy a causa de la predicación. El sacerdote Doménico Grasso lo describió como "el hoy de Dios".

1. ***La palabra predicada es un momento histórico para el alma del oyente.*** Dios está por hablar, no el predicador, por eso hay poder. El habla a través de mí con tanta autoridad que decimos a los oyentes que Dios mismo está hablando.

Dios ha estado preparando al oyente para este histórico momento.[15] Al predicar, recordemos que Dios ha estado obrando en la persona desde antes el nacimiento, la ha estado convenciendo de pecado e iluminando. Cuando aparecemos en escena, Dios ya estaba allí y nosotros sólo somos una pequeña parte en toda la maquinaria de Dios.

---

15. Ver Jn. 16:8; 1 Ti. 2:3-4; 2 P. 3:9.

2. ***Dios produce fe y arrepentimiento en el corazón del oyente,*** por eso es un acto divino y humano. El nos utiliza para iluminar a la persona y traer salvación.

3. ***La palabra predicada implora al intelecto y a la voluntad.*** Dios nos usa para implorar al oyente. Las palabras de 2 Co. 5:20 muestran un corazón en llamas, que se preocupa por la gente, no una mente fría e intelectualizada en gran manera.

Cuando Spurgeon se convirtió en predicador, se hizo la promesa de que nunca en su vida predicaría un sermón sin hacer una invitación, porque él durante años había agonizado y nunca nadie le había dado la chance de hacer un compromiso con Cristo. La predicación es un acto divino y humano en especial cuando estamos apelando para salvación, pero también cuando estamos exhortando a los cristianos a poner en práctica lo que Pablo dice.

O. PREDICACION ES SABIDURIA Y LOCURA

Desde el punto de vista humano es una necedad, una locura (1 Co. 1:18a), pero desde la perspectiva de Dios la predicación es lo más sabio que podemos hacer pues es poder divino (1 Co. 1:18b).

En su sabiduría, Dios ha optado por hacer que la predicación sea su instrumento para salvación, edificación y crecimiento en la vida cristiana. Es interesante el poder que tienen las palabras, que son sólo eso pero a la vez tienen poder pues provienen de Dios.

P. PREDICACION ES PODER

El poder pertenece a Dios, no a nosotros.

1. ***Transmite vida eterna a quienes creen.*** Predicamos, pronunciamos las palabras del Señor, y una persona puede hallar vida eterna (Jn. 5:24). La predicación tiene poder para

regenerar, salvar el alma y reconciliar. El nuevo nacimiento proviene de la palabra proclamada (Stg. 1:18), puede salvar el alma humana y reavivarla (Sal. 19:7; Stg. 1:12), y es un mensaje que habla de reconciliación (2 Co. 5:19).

2. ***Transmite la vida de resurrección,*** no simplemente vida eterna al final del camino (Jn. 11:25). La vida de resurrección de Cristo instantáneamente se hace parte de la vida del creyente, de manera que la vida de resurrección invade el alma en el momento que creemos (Gá. 2:20).

3. ***Limpia y santifica.*** Moody solía decir: "Este libro (la Biblia) los mantendrá alejados del pecado, o el pecado los alejará de este libro." Cuando predicamos debemos tener en cuenta que hay una ola de santificación que se está esparciendo (Jn. 15:3; 17:17).

Q. PREDICACION SIGNIFICA RESPONSABILIDAD

1. ***Responsabilidad de tomar una decisión en razón de la palabra predicada*** (ver He. 3:7-8).

2. ***Responsabilidad de parte del predicador.*** Como predicadores, tenemos la responsabilidad de ser flexibles en nuestra metodología (1 Co. 9:22), no así en nuestro mensaje.

3. ***Responsabilidad de creer, ejercitar fe.*** El profesor Doménico Grasso lo explicó de esta manera: "Sin fe es imposible agradar a Dios (He. 11:6), pero sin la predicación la fe es imposible (Ro. 10:17)."

La predicación es preeminente...

...sobre las buenas obras (Hch. 6:2).

...sobre el bautismo y la Cena del Señor pues precede a ambos en la conversión. La persona no debiera bautizarse ni participar de la Cena del Señor hasta ser convertida (1 Co. 1:17).

...sobre la iglesia. En la iglesia estamos sujetos a maestros y profetas. Sin embargo, la iglesia es resultado de la palabra predicada porque ésta produce conversión, y las conversiones dan como resultado la iglesia. La predicación es preeminente sobre la iglesia en el sentido de que habla a través de la iglesia, y existió antes que la iglesia. Además la edifica y desarrolla.

Preeminente para creer. ¿Cómo oirán sin haber quien les predique? De manera que la predicación incluso precede a la fe, pues a menos que proclamemos la Palabra de Dios, la fe no tendrá lugar (Ro. 10:4,8-17).

La predicación es tarea sagrada pues su objeto, Dios, es sagrado. Su fin, un encuentro con Dios, es sagrado. Es una tarea solemne y sacerdotal (Ro. 15:15-16). Y como tarea sagrada, debe estar centrada en Cristo (Jn. 17:3), de otra manera, es peligrosa y debiera despertar sospechas.

B. LA PREDICACION EXPOSITIVA

Antes de entrar de lleno en el tema de la predicación en sí, particularmente la expositiva, conviene mencionar varios conceptos que son parte integral de nuestra perspectiva en cuanto a Dios y su Palabra.

LA LOGICA DE UNA BIBLIA INERRANTE: Lo que predicamos no es fe irracional sino inteligente.

Revelación.[1]

Revelación general:

a. La creación. (Dios sabía que esta revelación no sería suficiente para el hombre sin que también hubiera una revelación especial.)

b. La conciencia. (En nuestra predicación debemos hablar a la conciencia ya que Dios le ha estado hablando.)

---

1. Revelación es que Dios haya decidido darse a conocer y haya hecho conocer sus propósitos y sus acciones en favor de la humanidad.

Revelación especial:

a. Verbal. Dios habló en el pasado, y se revelaba en sueños y visiones. Dios se revela a sí mismo pues es su prerrogativa.

b. Escrita. La Escritura que tenemos en mano.

Revelación redentora:

Esta se lleva a cabo en la persona de Jesucristo (He. 1:1-3). El es la revelación final de parte de Dios, pero la predicación es también parte de la revelación divina.

Inspiración.[2] Es la obra de Dios en y a través del escritor de la Biblia (2 Ti. 3:16). Los escritores sagrados fueron a las Escrituras lo que la virgen María fue en la encarnación de Jesucristo. Los escritores fueron instrumentos humanos de la obra invisible del Espíritu Santo, a fin de que la Escritura fuera tanto divina como humana.

Inerrancia.[3] La inerrancia es el resultado de la obra del Espíritu Santo en y a través de los autores. Es la obra del Espíritu Santo en el texto, asegurando que en él hay todo lo que Dios desea, y por lo cual podemos tener absoluta confianza.

Iluminación.[4] Esto es la obra del Espíritu Santo en nosotros una vez que hemos leído el texto inerrante producido por autores inspirados. Es lo que Calvino llamó "el testimonio

---

2. Este concepto conlleva la idea de un fenómeno en el que la acción, habilidad o palabras humanas son provistas en forma inmediata y extraordinaria por el Espíritu de Dios. El término proviene del griego THEOPNEUSTOS, que da la idea de que Dios da su aliento de vida.
3. Este concepto sugiere que la Escritura no se aparta de la verdad, e indica que tanto la inspiración como la autoridad de la Escritura son absolutas.
4. Es la obra del Espíritu Santo que da luz a las mentes de los hombres cuando éstos leen la Escritura (1 Co. 2:6-16). Siempre hace referencia a quienes leen la Escritura.

interno del Espíritu Santo" (Ro. 8:16; 1 Jn. 2:26-27. Ver también Jn. 14:25-26; 16:12-15).

Dios no nos deja a oscuras. El Espíritu Santo ayuda a quien busca con sinceridad. Sin embargo, esto no elimina la necesidad de lectura, meditación, oración, estudio, memorización, consulta, etc.

Exégesis.[5] Es el proceso de llevar a la superficie (Sal. 119:130). Es comprender el texto, interpretarlo, y abrirlo para los oyentes.

Exposición. No es necesario defender la Biblia, sino sencillamente hacer exposición de ella. Spurgeon declaró: "¿Defender la Biblia? Sería como defender a un león."

Aplicación. Es lo que el Señor nos ha dicho en cuanto al pasaje propiamente interpretado.

Consideremos ahora el sermón expositivo. Comencemos diciendo que, básicamente, exposición bíblica es lo que ofrecemos a la persona una vez que ha entrado al reino de Dios.

1. *QUE ES UN SERMON EXPOSITIVO*

La primera vez que escuché un verdadero sermón expositivo quedé admirado. No llegaba a comprender de dónde surgía el atractivo y el poder que el sermón me había transmitido. Intenté analizar al predicador (que era pastor de una gran iglesia muy evangelizadora y con centenares de miembros), pero me di cuenta de que necesitaba tener su perspectiva. De manera que fui a hablar con él, y él compartió conmigo su "secreto".

---

5. Palabra griega que, básicamente, significa explicar.

1) Cuando el predicador expone la Palabra, experimenta de una manera inexplicable la promesa *...y si entresacares lo precioso de lo vil, serás como mι boca* (Jer.15:19). Martín Lutero siempre identificaba al sermón con la misma voz de Dios, y lo hacía de tal manera que al referirse al sermón lo llamaba, precisamente, "la palabra de Dios".

2) La emoción de predicar un sermón expositivo reside en el "sentido de autoridad" que emana de la exposición de la Escritura, no de una estructura ingeniosamente planificada. Por otro lado, la predicación expositiva permite que el mensaje penetre con convicción en los corazones (He. 4:12). ¿Quién podrá argumentar con Dios?

3) Asimismo, durante la predicación expositiva los asuntos "delicados" se tratan con naturalidad y sin ofensa. No estoy dando mis puntos de vista ni mi posición sino que hago resaltar lo que ya dijo Dios mismo.

4) Aunque el expositivo es el método de predicación por excelencia, no por ello ha de usarse en forma exclusiva ya que no es necesario ni conveniente. La exposición debe ser la espina dorsal del ministerio, lo que sostiene a todo lo demás en su lugar.

Nehemías describe la tarea del predicador: *Y leían en el libro de la ley de Dios claramente, y ponían el sentido, de modo que entendiesen la lectura* (8:8). Los oyentes necesitan tomar conciencia de la veracidad y actualidad de los pasajes bíblicos; y es privilegio y deber del predicador ser administrador de los misterios de Dios, presentando en forma sencilla las verdades divinas que han sido reveladas.

No conozco una definición plenamente satisfactoria de sermón expositivo, y es bueno ya que de otra manera sería algo exacto, matemático y mecánico. Todos los métodos de predicación tienen ciertos rasgos similares puesto que todos tienen el mismo libro de texto, y el mismo Dios a quien proclamar. No obstante, es aconsejable distinguir las diferencias.

Primeramente demos un vistazo, por vía de contraste, a lo que *no es* y a lo que sí es un sermón expositivo.

A. LO QUE NO ES UN SERMON EXPOSITIVO

1. *No es un estudio bíblico.*

(a) No es estudio bíblico por cuanto éste trae a colación otros pasajes. Quien dirige o predica un estudio bíblico conduce a los oyentes en una "cacería espiritual", por así decirlo, donde se examina, compara y contrasta texto con texto, doctrina con doctrina.

(b) No es estudio bíblico por cuanto éste entra en detalles menores de cada pasaje y se detiene en una palabra para examinarla microscópicamente, desmenuzarla y saborearla. No así el sermón expositivo.

(c) No es estudio bíblico por cuanto éste, en términos generales, no es un mensaje —por más que se saquen conclusiones y se señalen exhortaciones— sino un análisis.

(d) El estudio bíblico, por otra parte, es el proceso que culminará en exposición.

2. *No es un sermón temático.* En el sermón temático el predicador examina un tema específico a través de la Escritura, por ejemplo "el amor de Dios". Aunque tales temas son útiles y beneficiosos tanto en la evangelización como en la edificación de los nuevos cristianos, el sermón expositivo es más que eso.

3. *No es un estudio doctrinal.* La "sana doctrina" que Pablo tanto enfatiza (1 Ti 1:10; 4:6,16; Tito 2:1) es imprescindible para la vida cristiana ya que sin ella no habría cristianismo sano. Si bien el sermón expositivo contiene doctrinas (así como el oxígeno siempre está presente en el agua), no es un estudio específico de la doctrina del pasaje o de cierta doctrina bíblica.

4. ***No es evangelismo en el sentido estricto de la palabra.*** No se dirige al inconverso en la congregación sino a *todos* los oyentes, en especial a los ya cristianos. A pesar de ello, el predicador expositivo descubrirá que aunque sus mensajes no son de neto corte evangelístico, continuamente se convierte gente en su iglesia porque la fe es resultado de oír la Palabra de Dios (Ro. 10:17).

5. ***No es un comentario corrido.*** No es tomar un pasaje, ir leyendo versículos, hacer algún comentario apropiado, luego leer otro versículo, comentar, etc. Tampoco es leer un comentario de nuestra biblioteca para entonces repetir a la congregación las ideas del escritor.[6]

6. ***No es idear un bosquejo dentro del pasaje.*** Este es el error más común en el concepto de mensaje expositivo. No hay predicación expositiva cuando el predicador cree descubrir una palabra que se repite varias veces en el pasaje, y comienza a divagar, creando un sermón que prácticamente se desvía del pasaje y de su enseñanza central. Como resultado, el oyente con discernimiento se dice: "El predicador está usando el pasaje como excusa. Lo escucharé, pero que no trate de hacerme creer que está exponiendo el pasaje."

7. ***No es un sermón textual.*** Cuando se realizan de manera correcta, tanto el sermón expositivo como el textual presentan grandes similitudes. La diferencia es que el sermón textual por lo general se basa en un versículo.[7]

---

6. Los comentarios bíblicos son excelentes herramientas para estudiar un pasaje o libro de la Biblia, no para recitarlos casi textualmente ni para "tomar prestado" el sermón.
7. También existe el sermón expositivo-textual, que examinaremos más adelante. El que recién comienza a predicar expositivamente, debiera comenzar con ese estilo.

B. LO QUE SI ES UN SERMON EXPOSITIVO

Exponer es declarar, interpretar, explicar el sentido genuino de una palabra, texto o doctrina que puede tener varios o es difícil de entender. Expositivo, entonces, es aquello que explica, declara o interpreta.

Estas definiciones son incompletas en lo que a exposición bíblica se refiere. Exponer la Biblia es abrir las Escrituras, desarrollar y explicar un pasaje. La exégesis descubre el significado del texto,[8] y la exposición presenta ese significado de una manera lógica, apropiada y eficaz.

Podemos comparar el sermón expositivo a una rueda. El tema principal representa el eje, y los pensamientos que emanan de él son los rayos. El sermón expositivo debe ser una unidad completa: una rueda. Consideremos algunas características.[9]

1. ***Es procedimiento lógico.*** Es lógico porque hace un estudio de la Biblia en la manera y orden en que fue escrita, y explica y aplica la Escritura en el orden que Dios desea. La exposición considera un pasaje párrafo por párrafo, o verdad por verdad, en vez de hacerlo versículo por versículo. Por ser un procedimiento lógico y normal, no debiera intimidar sino animar a que muchos lo practiquen.

2. ***Es caminata.*** Predicar expositivamente es caminar dentro del pasaje junto con los personajes que protagonizaron el incidente o hicieron historia con sus dichos y acciones. Por ejemplo, si es una epístola paulina, caminamos con Pablo y con la gente a quien él se dirigió.

---

8. EXEGESIS es una transliteración del griego que significa narración o explicación. Aunque este sustantivo no aparece en el Nuevo Testamento, el verbo se encuentra varias veces con el primer significado, y una vez con el segundo (Jn. 3:18). Exégesis es la ciencia de la interpretación.
9. Algunas de estas características son específicas en cuanto a la predicación expositiva, y otras ya han sido mencionadas al tratar sobre la teología de la predicación, en la primera parte de este capítulo.

3. *Es descubrimiento.* Es descubrir el universo de conceptos, emociones, imágenes y realidades que encierra el pasaje.

4. *Es cofre.* Hay que hallar la llave y la clave del pasaje, extraer el contenido del cofre divino y exponer las joyas a la mirada del pueblo. Jesús dijo: *Por eso todo escriba docto en el reino de los cielos es semejante a un padre de familia, que saca de su tesoro cosas nuevas y cosas viejas* (Mt. 13:52). El Señor Jesús hace una comparación grandiosa en cuanto a guardar en la mente y en el corazón la profundidad de las verdades de Dios. Hay que ser docto en el conocimiento de la Palabra, como así también en experiencias, lecciones de la historia de la iglesia, y todo lo que pueda enriquecer a un maestro de la Biblia. Como resultado, cuando llegue el momento de enseñar fluirán desde el corazón tesoros de cosas nuevas y antiguas.

5. *Es exposición.* Es exponer al pueblo a la Palabra de Dios (Sal. 119:130). Los oyentes deben estar ante la Biblia a cara descubierta, sin máscaras ni disfraces (2 Co. 3:18). Además, es exposición de la Palabra ante el pueblo. Que en ella y por ella el pueblo vea al Dios viviente (Hch. 10:36; He. 2:12).

Nehemías 8:3-8 es una descripción de lo que sucede cuando se predica un mensaje expositivo: Leyeron del libro de la ley, Esdras hizo claro el significado (interpretación) y la gente entendió lo que se leía (aplicación).

6. *Es explicación.* El mensaje expositivo trata y explica el asunto central, básico y primordial del pasaje. No incluye los aspectos periféricos o demasiado detallados de una cuestión. Por lo general, la porción a predicar consiste en un párrafo o varios versículos que se combinan para presentar un pensamiento completo. El sermón expositivo primero descubre y declara ese pensamiento centra', y luego procura exponer y aplicarlo a la luz de ese pasaje en particular.

7. ***Es sermón.*** La palabra sermón tiene su origen en una voz latina que significa "estocada". Esto indica su propósito bien definido, herir al oyente en su alma con la espada del espíritu (Ef.6:17).

El Dr. Austin Phelps[10] dijo: "Un sermón es un discurso dirigido a la mente popular, sobre verdades contenidas en la Biblia, elaborado cuidadosamente, procurando persuadir a los oyentes." Y como sermón, la predicación expositiva tiene todas sus características naturales: estructura, organización, ilustraciones, introducción, conclusión.

8. ***Es variedad.*** No cansa pues ofrece tanta variedad como la Palabra de Dios misma, que es fuente inagotable. Este tipo de predicación suministra al predicador suficiente material para toda una vida de predicación. El predicador nunca llegará al fondo del barril sino que siempre habrá material para otros sermones, y habrá "abundancia de pan" tanto para él como para el oyente.

---

10. Reconocido profesor de homilética británico (1820-1890), autor del libro *Teología de la predicación.*

2. *UTILIDAD Y VALOR DEL MENSAJE EXPOSITIVO*

Características más sobresalientes:

1. ***Ofrece variación temática y continuidad.***

Todos corremos el riesgo de vivir en un círculo cerrado. Sin darnos cuenta repetimos mensajes y bosquejos. A veces preparamos sermones que resultan monótonos, cansadores, y con frecuencia repetitivos. Al predicar expositivamente a través de la Biblia semana tras semana, salimos del círculo de doctrinas favoritas o denominacionales, y mostramos en forma mucho más completa lo que Dios dice en su Palabra. De esa manera evitamos ser parciales, exclusivistas y obtusos. Además, tenemos la oportunidad de hablar sobre temas que, de otra manera, pasaríamos por alto.

2. ***Alimenta.***

Alimentemos al pueblo de Dios con comida sólida y nutritiva, sirviéndoles en el plato dominical el suculento alimento que la predicación expositiva hace posible.

3. ***Anuncia todo el consejo de Dios.***

Cuando el apóstol Pablo pensó que debía dejar para siempre a su amada iglesia en Efeso, fue un alivio saber que ante Dios él estaba limpio de la sangre de todos ellos por no haberse negado a anunciarles ***todo*** el consejo de Dios (Hch. 20:27). Además el salmista declara: *La suma de tu palabra es verdad* (Sal. 119:160). El peso acumulado de la verdad es lo que más eficazmente instruye al cristiano.

Se requiere el uso de toda la Escritura para la edificación del Cuerpo de Cristo pues cada parte fue divinamente inspirada y registrada con un propósito definido: ministrar al cristiano (1 Ti. 3:16,17).

El famoso predicador británico Spurgeon exhortaba a sus estudiantes: "Cualquier parte de la Biblia es provechosa, y vuestro deber no es tan sólo predicar la verdad sino la verdad entera. No insistáis constantemente sólo en una verdad. La nariz es muy importante como parte constituyente del rostro humano, pero retratar sólo la nariz de un hombre, no sería un modo satisfactorio de copiar su cara."

4. *Es la misma Palabra de Dios.*

No son palabras humanas sino divinas. Cuando Dios habla, la conciencia que escucha no puede menos que sacudirse. A veces surgen problemas en las iglesias porque algún miembro o familia acusa al pastor de que el sermón fue dirigido a ellos en forma personal y ofensiva (y lamentablemente en ocasiones es cierto). La predicación expositiva evita ese tipo de acusaciones porque la Palabra de Dios llega al corazón en forma natural y directa, y exhorta al oyente.

5. *Capacita al cuerpo de Cristo.*

La tarea del pastor no es hacer, supervisar y decidir todo sino *capacitar* al cuerpo de Cristo para que éste lleve a cabo el ministerio (Ef. 4:11-16). El predicador es usado por Dios para edificar a los santos de modo que los santos —no el pastor— hagan la obra del ministerio. De manera que con la predicación expositiva tanto el uno como los otros ocupan su correspondiente lugar.

Quien predica mensajes expositivos en forma regular, pronto descubrirá que la iglesia crece en la fe y los fieles llegan a convertirse en maestros. En realidad, podríamos comparar la predicación expositiva con un instituto bíblico.[1]

6. ***Libra del eterno dilema de elegir temas aislados.***

A menudo el predicador se enfrenta a la decisión de escoger temas para sus mensajes. Por otra parte, si está predicando sobre determinado libro de la Biblia semana tras semana, la elección ya no debe hacerse pues cada mensaje corresponderá al pasaje "de turno". De ese modo, el predicador se verá libre de la tendencia de usar caprichosamente textos aislados. Estos serán considerados a la luz del contexto, y serán interpretados, explicados y aplicados en forma correcta.

7. ***Cautiva, encanta y fascina.***

La buena predicación expositiva crea tal fascinación e interés que a la gente le resulta difícil esperar una semana para saber cómo sigue el pasaje ya que desean continuar escuchando verdades vivientes. Por otro lado, la predicación expositiva estimula a que el pueblo regrese domingo tras domingo pues no quiere perderse ningún párrafo bíblico.

Muchos pastores me han compartido su experiencia de que al predicar expositivamente en forma regular, los cultos comenzaron a crecer en asistencia y los jóvenes se convirtieron en el público más atento.

Al recordar la exposición que había hecho Jesús, los hombres de Emaús se dijeron: *¿No ardía nuestro corazón en nosotros, mientras ... y cuando nos abría las Escrituras?* (Lc. 24:32). Este tipo de predicación no sólo cautiva a la gente sencilla y a la juventud, sino también a personas cultas que por su preparación demandan continuidad, orden y lógica en un mensaje. El sermón expositivo, entonces, puede convertirse en útil aliado de pastores sencillos al frente de una congregación de

---

1. Asimismo, este método expositivo tiene la ventaja adicional de complementar las deficiencias que pudieran existir en la escuela dominical.

extracciones variadas. No es necesario ser doctor en teología para poner en práctica la predicación expositiva.

8. ***Hace posible una constante renovación espiritual.***

Al recibir mensajes expositivos, la grey avanza hacia la madurez espiritual. Este tipo de predicación ha producido grandes avivamientos. El más notable fue la reforma del siglo XVI. Lutero predicaba y escribía comentarios. Y Calvino, que tanta influencia ha tenido en el mundo cristiano evangélico, era el expositor por excelencia.

9. ***Fija la atención en el texto bíblico.***

Cuando la congregación sabe que habrá predicación de la Biblia misma, por lo general recordará llevarla al culto a fin de poder seguir el curso del mensaje teniendo ante sí el pasaje en cuestión. Los creyentes desean constatar la exposición y ver las palabras y frases a que hace referencia el predicador. La gente comienza a darse cuenta de que la Biblia no es una serie de versículos colocados arbitrariamente en un lugar, ni temas aislados o difíciles de descubrir. Los creyentes comprueban que la Palabra de Dios es un coherente y coordinado cuerpo de verdades con continuidad lógica e inteligente.

10. ***Produce conversiones sólidas.***

En diversas ocasiones he sido testigo de personas que se convierten mientras predico un sermón expositivo destinado primordialmente a los miembros de la iglesia.[2] He conocido congregaciones donde el pastor cada domingo

2. A veces el sermón expositivo puede ser netamente evangelístico. Ver anexo "El mensaje evangelístico".

predica un sólido mensaje expositivo, y después del culto se entregan a Cristo personas de todo rango y cultura.[3]

11. *Obliga a que el predicador crezca.*

John Stott, el gran expositor británico, afirma que la predicación expositiva es una disciplina muy exigente y, quizás por ello, poco frecuente. Sin embargo, los resultados personales bien valen la pena: (a) enriquece y profundiza el conocimiento bíblico; (b) estimula el intelecto y el espíritu, y uno siente emoción al descubrir, conocer y "ver" más de lo eterno; (c) desarrolla la personalidad del pastor o predicador, que crece en su vida espiritual (Ro. 8:29).

Este tipo de predicación cuenta con una fuente casi inagotable, es decir que no se acaba luego de los primeros 20 minutos del sermón, luego de lo cual tal vez comiencen las repeticiones. El problema con que se enfrenta el predicador es: ¿qué es lo que *no diré* en esta ocasión? Hay tanto material que nos preguntamos cómo podremos limitar nuestro mensaje a 30 ó 40 minutos —o el tiempo que tengamos.

Como esta predicación pone énfasis supremo en la misma Palabra de Dios, exige que el predicador tenga contacto directo con las Escrituras. La predicación sistemática de la Biblia es imposible sin un estudio sistemático de ella.

"Es una bendición —escribió Spurgeon— alimentarse del alma misma de la Biblia hasta llegar a hablar el lenguaje de las Escrituras, y hasta que el espíritu esté sazonado con las palabras del Señor, a fin de que nuestra sangre sea bíblica y la esencia misma de la Biblia brote de nuestro interior."

---

3. Recuerdo el caso específico de una iglesia en San José de Costa Rica donde constantemente había conversiones como fruto de este tipo de predicación. Como resultado, esta iglesia se convirtió en "madre" de más de una docena de nuevas congregaciones. Resultados similares cosechó el pastor Luis Bush en El Salvador, quien comenzó a predicar expositivamente en una pequeña iglesia salvadoreña, la cual empezó a crecer y a enviar misioneros a otros países.

3. *PREPARACION GENERAL PARA LA PREDICACION EXPOSITIVA*

¿Cómo preparar un mensaje expositivo? Estudiando, meditando y haciendo notas. Es una actividad creativa por excelencia, aunque siempre bajo el control y dependencia del Espíritu Santo. El predicador Campbell Morgan, "el príncipe de los expositores", leía 30 veces un pasaje o libro de la Biblia antes de predicarlo.[1]

No trato de decir que 30 sea el número ideal. El ejemplo habla de la dedicación y preparación exhaustiva que este tipo de predicación demanda.

El don viene de Dios, pero su desarrollo depende de la persona, y requiere estudio consciente y concentrado. Salomón mismo habla de la importancia de la preparación para lograr una presentación convincente.

> *Y cuanto más sabio fue el Predicador, tanto más enseñó sabiduría al pueblo; e hizo escuchar, e hizo escudriñar, y compuso muchos proverbios. Procuró el predicador hallar palabras agradables, y escribir rectamente palabras de verdad. Las palabras de los sabios son como aguijones; y como clavos hincados son las de los maestros de las congregaciones, dadas por un Pastor. Ahora, hijo mío, a más de esto, sé amonestado.*
>
> (Eclesiastés 12:9-12)

---

1. Otras fuentes sostienen que leía un pasaje 50 veces.

Vemos aquí el carácter sabio y perseverante del predicador, que invertía tiempo para prepararse; era atento, estudioso, sistemático, apegado a las Escrituras, veraz. Como resultado, la predicación fue convincente, directa, con autoridad, y la ardua labor resultó eficaz.

Por otra parte, en el ministerio de la predicación es crucial querer mejorar. El predicador debe decirse: "Tal vez lo haga bien, pero debo hacerlo mejor."

Algunos consejos prácticos:

1. ***Confíe*** en la promesa de poder y dirección del Espíritu Santo: *Pero cuando venga el Espíritu de verdad, él os guiará a toda verdad; porque no hablará por su propia cuenta, sino que hablará todo lo que oyere, y os hará saber las cosas que habrán de venir* (Jn. 16:13). Jesús nos prometió poder (Hch. 1:8), y sin ese poder seríamos personas miserables y frustradas, y predicadores totalmente ineficaces.

2. ***Esté alerta*** a la dirección del Espíritu Santo a fin de escoger pensamientos adecuados. En su lectura devocional diaria, usted encontrará pasajes o libros de la Biblia que captarán su atención. Haga notas allí mismo, especificando las ideas que parecen claves.

Al preparar sus sermones, el evangelista Moody se levantaba a las cinco de la mañana para estudiar la Biblia y orar.[2] Era en ese momento que Dios ponía ideas en su mente. Moody guardaba grandes sobres y en ellos escribía el título del mensaje. Dentro de ellos ponía las notas recogidas de sus estudios, y si en una revista leía una historia pertinente, por ejemplo, también la archivaba allí.

---

2. D.L. Moody, popular evangelista (1837-1899), quien a pesar de no ser un pastor ordenado, fue un eficaz predicador que comenzó el primer establecimiento educativo de su clase (conocido luego como Instituto Bíblico Moody), y a través de quien centenares de miles se convirtieron a Cristo.

Tenga una actitud similar al escuchar sermones por otros predicadores. El evangelista R.A. Torrey[3] siempre llevaba consigo una libreta de notas, y recomendaba a sus estudiantes que también lo hicieran para estar siempre listos a fin de registrar ideas y pensamientos para futuras exposiciones. Spurgeon hacía lo mismo.

3. ***Decídase a comenzar*** en forma inmediata. Predique expositivamente los domingos por la mañana. Le sugiero que comience con dos veces al mes, después tres, para luego hacerlo semanalmente. Al comenzar a predicar de manera expositiva, escoja pasajes que no encierren grandes problemas de interpretación ya que podría enredarse y confundirse, al igual que sus oyentes. Conviene comenzar con un párrafo breve. A medida que adquiera experiencia, avance hacia párrafos más largos y luego capítulos. Muy pocos hombres en la historia han podido predicar un sermón expositivo sobre un libro completo de la Biblia —a menos que fuera Abdías, Filemón o Judas.

4. ***Conozca*** íntimamente a Dios, al hombre y la relación que hay entre ambos. Spurgeon afirma: "Predicar de modo eficaz es muy simple. Sólo se necesita conocer bien a Dios y al hombre." Para conocer a Dios debemos tener una relación viva y personal con Jesucristo, debemos caminar cerca de El, confiar en El, pasar tiempo con El en oración y estudiar su Palabra cada día. Para conocer al hombre es necesario conocernos a nosotros mismos. Esto significa examinar nuestros pensamientos, acciones, motivos y deseos a la luz de la Escritura.[4]

---

3. Maestro de la Biblia y autor de 40 libros, nacido en E.U.A. (1856-1928). Llevó a cabo una eficaz serie de campañas evangelísticas.
4. Además es crucial leer diarios y algunas revistas seculares donde haya artículos sobre los problemas de la gente y la sociedad. Es también aconsejable evaluar los avisos comerciales en la T.V., por ejemplo, y considerar cómo describen la situación contemporánea.

Este conocimiento permitirá que el mensaje sea vibrante y poderoso.

5. ***Sea ávido lector*** si aspira a ser buen expositor. Hace tiempo leí un artículo titulado "¡Lea ministro, lea!" Era un llamado enérgico a que los predicadores de Dios enriquezcamos nuestro ser interior con la lectura de todo cuanto nos haga mejores siervos.

Muchos predicadores están fuera de contacto con el hombre moderno, y por lo tanto hablan a un hombre producto de su propia imaginación, inexistente en el mundo de hoy. El Dr. R.A. Torrey decía que al subir al púlpito debiéramos mirar al público y ver un signo de interrogación en cada rostro, y agregaba que en su mensaje el predicador debiera contestar esos interrogantes de la gente. (Sin embargo, si el conocimiento del hombre no es más que intelectualismo teológico, el mensaje será frío y extraño.)

(a) *Lea* las Escrituras.

(b) *Lea* buen material expositivo.

(c) *Lea* el periódico. Esté informado de lo que ocurre en el país y en el mundo ya que usted es parte de ellos.

(d) *Lea* libros cristianos. Procure leer cuanto libro valioso se publique. Tenga su propio sistema y programa de lectura.

e) *Lea* revistas, tanto seculares como cristianas. Esté al tanto de informaciones de interés e ilustraciones en variados campos del conocimiento moderno. Entérese de lo que sucede en el mundo a su alrededor y luego, de rodillas, trate de relacionarlo con las Escrituras. Además son importantes las revistas evangélicas de la propia denominación y también las de corte interdenominacional.

6. ***Organice el tiempo.*** La organización del tiempo es esencial en la preparación eficaz de sermones expositivos. Es un aspecto difícil de poner en práctica pero es esencial.

(a) Reconozca que no habrá estudio eficaz sin concentración y tiempo especialmente apartado para ello. Encuentre un lugar adecuado, dentro de lo posible silencioso y libre de distracciones. Elija la mejor hora del día. Para algunos la más adecuada es la mañana, para otros la noche. Lo ideal es apartar 2 ó 3 horas como mínimo.

(b) Organice un programa diario de estudios, como también un programa diario de actividades.

(c) Tómese tiempo para el descanso y el esparcimiento, que son partes imprescindibles de la vida.

(d) Haga saber a la iglesia sus planes generales. La congregación debe ser consciente de que usted necesita un tiempo específico para el estudio y la preparación. En una ocasión un pastor me comentó: "Temo que los hermanos me llamen 'pastor de escritorio'." Mi respuesta fue: "Si la iglesia no quiere *un pastor de escritorio*, debieran buscarse otro pastor." Hay que regresar a la tarea primordial del pastor: preparar alimento para las ovejas; y ese alimento espiritual sólo se consigue en la presencia del Señor. El tiempo dedicado al estudio de la Palabra de Dios constituye el fundamento de la predicación.

Antes de aceptar el pastorado de una iglesia de Costa Rica, un conocido hombre de Dios dijo a los ancianos y líderes: "No podré correr tras cada hermano que necesite una visita. O me aceptan principalmente para predicar y capacitar a la iglesia a fin de que *todos*, no yo solo, hagan la obra del ministerio, o francamente no tengo interés." La iglesia aceptó, y comenzó a multiplicarse.[5]

7. *Ordene* y archive su material.

---

5. Algunos se preguntarán cómo estudiar si uno viaja mucho. Habrá que llevar consigo el material esencial, y aprovechar las horas que proporcionan los viajes. A veces el que viaja tiene más tiempo que quien debe estar en la casa. Los medios de transporte a menudo son adecuados para la meditación y el estudio.

(a) Legajo, carpeta o "folder" —ideal para guardar artículos y recortes importantes.

(b) Tarjetas —útiles para copiar párrafos interesantes de algún libro prestado, revista, etc.

(c) Computadora, si el pastor tiene acceso a una. Esta resultará de inestimable valor para estudiar, escribir y archivar material. Además hay disponibles una variedad de software con MicroBiblia, concordancias, diccionarios, ayudas en griego y hebreo, etc.

8. *Consiga libros de fondo* como ayuda para la preparación de sermones expositivos. Tal vez muchos no cuenten con dinero para adquirir material. Acérquese entonces a quienes puedan prestarle tales libros, y sea cuidadoso con esos libros. (Y mejor aún, como pastor o líder de la congregación, procure que la iglesia aparte una suma mensual para comprar un libro por mes a fin de que usted tenga libros a su alcance. Los libros habrán de pertenecer a la iglesia, y permanecerán allí ante un eventual cambio de pastor.)

(a) Consiga tantas *versiones de la Biblia* como sean posibles.

(b) Otro *material de referencia*: Usos y costumbres bíblicas, Comentario exegético, Concordancia bíblica, Manual de la Biblia, Mapa de países bíblicos, Diccionario de la Biblia, Diccionario de la lengua española.[6]

Por sobre todo, ore pidiendo discernimiento en cuanto al pasaje bíblico puesto que el Espíritu Santo, autor real de la Biblia, es por ende el mejor intérprete.

Considera lo que digo, y el Señor te dé entendimiento en todo (2 Ti. 2:7).

---

6. Recomendamos ampliamente toda la serie del *Comentario Bíblico del Continente Nuevo,* cuyo propósito es ayudar al pastor y al líder con material original escrito en idioma español, ilustraciones acordes a la cultura hispana, y bosquejos de sermones que serán de ayuda en la preparación de estudios bíblicos y sermones —en especial sermones expositivos.

4. PREPARACION ESPECIFICA PARA UN SERMON TEXTUAL-EXPOSITIVO

Pasemos al estudio del texto mismo. Tal vez nos resulte difícil estudiar la Biblia en el sentido práctico. Al menos ésa fue mi experiencia.

En este capítulo examinaremos claves necesarias para el estudio y preparación de un sermón **textual-expositivo.** Este tipo de mensaje se basa en un solo versículo, o como máximo en dos. Este método es similar al método expositivo, con la diferencia de que el predicador sólo está exponiendo uno o dos versículos. Si se hace en forma correcta puede ser netamente expositivo. De otra manera, existe la posibilidad de un desliz a lo textual.[1]

Al estudiar un texto hay cuatro aspectos a considerar para determinar su verdadero significado, sus enseñanzas y sus aplicaciones a la situación contemporánea del predicador y de los oyentes.

A. Pensamiento principal que precede al versículo.
B. Pensamiento principal que sigue al versículo.
C. Paráfrasis del versículo con palabras propias.
D. Aplicación.

---

1. El sermón textual consiste en un pensamiento tomado de un versículo o de parte de uno. Una vez descubierto el tema y enunciado en palabras propias, el texto es analizado, dividido y expuesto a la luz de su contexto.

A. ¿QUE PENSAMIENTO PRINCIPAL PRECEDE AL VERSICULO?

Esta pregunta nos mueve a estudiar el *contexto inmediatamente anterior* al versículo en cuestión.[2]

1. ¿Cómo determinamos ese contexto? Lo más sencillo es considerar el párrafo *anterior* al versículo. Si resultara difícil determinarlo, recomiendo estudiar los ocho o diez versículos precedentes.

2. Anote los versículos que estudiará como contexto. Comience a leer el pasaje. La primera vez léalo rápidamente y concentrando toda su atención, a fin de comprender la idea principal. Luego léalo con lentitud, para ir captando detalles. Lea el pasaje por lo menos cuatro veces, y utilice cuantas versiones de la Biblia sean posibles.[3]

Al principio puede resultar confuso leer varias traducciones, pero pronto advertirá que con ellas se entiende mejor el contenido.

3. A medida que comprenda la idea principal de la porción bíblica, escriba en pocas líneas (de seis a diez) cuál es, en su opinión, el concepto básico del pasaje.

A esta altura sabrá qué quiso decir el autor en el contexto, y podrá relacionarlo con el versículo central de su estudio.

---

2. John Stott manifiesta que cada palabra de la Biblia es verdad sólo en relación con su contexto, y añade que aislada del contexto la palabra no puede ser verdadera. R. A. Torrey, por su parte, indica que muchos versículos, si se estudian de manera aislada, pueden tener diversas interpretaciones, pero si se estudia lo que aparece antes y después, no habrá más que una interpretación posible.
3. Por ejemplo Reina Valera, La Biblia de las Américas, La Nueva Versión Internacional, La Biblia al día.

B. ¿CUAL ES EL PENSAMIENTO PRINCIPAL POSTERIOR AL VERSICULO?

Esta pregunta nos lleva a estudiar *el contexto inmediatamente posterior* al versículo clave. Para completar este segundo paso, siga las indicaciones señaladas en el primero.

Después de haber completado los dos estudios, que pueden llevarle varias horas o incluso varios días, sentirá que conoce el pasaje en profundidad.

C. ESCRIBA EL VERSICULO CLAVE CON SUS PROPIAS PALABRAS

Colóquese en el lugar del escritor del versículo elegido y considere la idea y el concepto general desde esa perspectiva. Imagine que usted está escribiendo el versículo. Tendrá que decir lo mismo pero usará sus propias palabras, modernas y actuales.[4]

1. Lea y medite atenta y profundamente en el contenido y significado del versículo. Relaciónelo con el contexto antes estudiado. Memorice el versículo a fin de meditar en él al caminar, al viajar, durante todo el día.

2. Imagine que usted es el autor y decida cómo lo expresaría.

3. Escríbalo entonces con sus propias palabras —dentro de lo posible palabras distintas de las de la versión de la Biblia que utiliza con más frecuencia.

¿Qué valor tiene este proceso? No conozco mejor sistema para compenetrarse del contenido y significado de un versículo. Es de sumo beneficio, especialmente para quien recién se lanza a la predicación expositiva, y para quien

---

4. También es importante colocarse en el lugar de los lectores originales que recibieron la epístola o el evangelio. ¿Qué entendieron ellos?

quiere dar sus primeros pasos en un estudio sistemático, objetivo y sincero de las Sagradas Escrituras.

D. INDIQUE POR ESCRITO COMO APLICARLO A SU VIDA PERSONAL

Una vez que haya interpretado, meditado y estudiado el pasaje completo, estará en condiciones de pensar en la aplicación.

1. Sea riguroso en la aplicación personal de las verdades aprendidas. Pregúntese: ¿Qué me dice Dios por medio de este versículo?

2. Anote en su hoja de apuntes lo que cree que Dios le está diciendo. Escriba y luego complete:

Dios me dice que yo...
Veo aquí que Dios me pide a mí...
Reconozco que con mi familia yo debo...
Comprendo ahora que en mi iglesia yo...

Utilice siempre los pronombres "yo" y "mí". A esta altura no se preocupe por el "nosotros", "todos", "los cristianos debemos", etc. ¡Hágalo personal!

3. Seguidamente responda por escrito a la pregunta: ¿Qué debo hacer y qué debo cambiar en mi vida, en vista de lo que Dios me ha enseñado aquí? El Espíritu Santo —su Maestro— se lo dirá.

5. PREPARACION ESPECIFICA PARA UN SERMON EXPOSITIVO

Este capítulo lo dedicamos al sermón expositivo propiamente dicho. Centraremos la atención en el **estudio exegético.**[1]

Nuestro propósito no es completar un estudio exhaustivo sino práctico, de ayuda en la vida pastoral.

La exposición bíblica demanda una correcta interpretación, ya que nos libra de falsedad, error, y herejía. El expositor John Stott comenta que un pastor cierta vez dijo que por más asombroso que parezca, a veces Dios bendice "una pobre exégesis de una mala traducción de una lectura dudosa de un oscuro versículo de un profeta menor." Stott añade que, sin embargo, eso no es excusa para el descuido en la interpretación bíblica, y que no debemos ahorrar esfuerzos para descubrir lo que Dios dice en las Escrituras.

Unas pocas observaciones a modo de introducción.

Exégesis es una palabra de raíz griega que significa "interpretar, sacar a la superficie". Este es también el propósito del estudio exegético. La exégesis bíblica es descubrir el significado del pasaje de la Biblia.[2] No estamos imponiendo nuestras ideas sino descubriendo las de Dios.

---

1. El que tiene que ver con la interpretación.
2. La exégesis es parte de la hermenéutica, que a su vez es el conjunto de reglas para la interpretación.

Propósito. La meta no es conocer por el hecho de conocer en sí, ya que el mero conocimiento intelectual por lo general lleva al orgullo y al engreimiento (1 Co. 8:1). El propósito del estudio exegético es conocer a Dios, sus deseos y planes para mi vida y para el mundo.

Elección. Escoja el pasaje a estudiar. Para quien se inicia lo ideal es un párrafo o un capítulo breve (o si se lanza a una serie, un breve libro de la Biblia —por ejemplo la epístola a Tito, por ser concisa y de estructura sencilla). Nos compenetraremos y disfrutaremos más de un pasaje cuando el párrafo conste de pocos versículos. Un largo capítulo de profundo contenido teológico resulta muy difícil al comienzo. El pasaje debe expresar un pensamiento completo, pero no debiera contener más de lo que puede ser entregado en el curso de un sermón. Por otro lado, es conveniente evitar los pasajes cuyos significados no resulten claros al predicador, ya que éste no podría presentar el mensaje en forma clara y convincente.

Tiempo. Muchos estudiosos sostienen (y yo comparto ese concepto) que el método expositivo es el método esencial de estudio bíblico. Es el método más lógico pues toma un libro de la Biblia y lo estudia párrafo por párrafo y capítulo por capítulo. Por tal motivo, es imprescindible darnos el mayor tiempo posible para ello, semana tras semana de cada año de toda nuestra vida.

Lectura. Lea el libro completo, con el fin de ir discerniendo y escogiendo los párrafos inteligentemente. La primera vez lea con rapidez, tomando nota de los versículos que van cayendo bajo divisiones naturales. Así se formarán los párrafos. Otro beneficio de leer todo el libro es que se llega a captar el contexto total del párrafo a estudiar.

Ciencia y arte. La exégesis, juntamente con la predicación expositiva, tiene el doble carácter de ciencia y arte. *Ciencia* porque no sigue ocurrencias personales sino reglas de estudio e interpretación previamente establecidas. *Arte* porque demanda espiritualidad, concentración y discernimiento —cosas que el Espíritu Santo está dispuesto a darnos.

Por otra parte, hay tres pasos principales en el estudio exegético de un pasaje: observación, interpretación y aplicación. No hay otra forma eficaz de llevar a cabo el estudio a fondo.

A. PRIMER PASO: OBSERVACION

Una vez que el pasaje ya ha sido seleccionado, el período de observación consta de tres etapas: pregunta, lectura y divisiones.

1. *Pregunta*

La pregunta constante al observar el pasaje es: "¿Qué dice Dios aquí?" Note que no preguntamos qué quiere decir o qué significa (esto corresponde a un paso posterior) sino qué dice. Observe el pasaje en forma objetiva —como quien mira un hermoso cuadro— y pregúntese qué dice el autor.

2. *Lectura*

Para contestar la pregunta anterior lea y relea el pasaje. Consulte varias traducciones de la Biblia (la Reina Valera Revisada 1960, Versión Moderna, la paráfrasis Biblia al día, Hispanoamericana, de las Américas, el Nuevo Testamento griego interlinear). Finalmente, si no conoce el griego dé más peso a la Versión Reina Valera.[3] Lea el pasaje hasta que su mente esté impregnada de él.[4]

La lectura profunda y cuidadosa del pasaje debe ocupar gran parte del estudio total. Sin el adecuado estudio a conciencia, tal vez uno se torne en simple repetidor de ideas ajenas.

---

3. Es útil descubrir el significado de las palabras en el idioma original en que fue escrito el pasaje. Hay pocos libros que suplen esta necesidad, pero son de gran valor, como por ejemplo el *Diccionario de palabras del Nuevo Testamento,* por W.E. Vine.
4. En mi experiencia, leer un pasaje en una Biblia que no esté subrayada ni anotada tiene la ventaja de permitir que nos acerquemos a ese texto bíblico con una perspectiva fresca, no con preconceptos.

3. *Divisiones*

Luego de la pregunta y las lecturas estará en condiciones de encontrar —no inventar— divisiones. Si bien éstas no son indispensables, por otro lado son de gran utilidad en la presentación del mensaje.

(a) En primer término centre su atención en las *divisiones más amplias,* en las mayores y generales, y busque las ideas fundamentales. Al ir descubriéndolas, escríbalas en un borrador. Al continuar su observación quizás cambie de opinión en cuanto a cierta división. Recuerde que aún está en una etapa preliminar y que los cambios son lógicos. (No se aflija por tachaduras y modificaciones. No se quede con un mal bosquejo de estudio —o uno mediocre— con tal de no realizar cambios.)

Algunos demoramos más que otros en descubrir las divisiones naturales de un pasaje. No se apresure pues no es parte de una carrera sino de un estudio en el cual Dios desea guiarnos.

Al examinar un pasaje siempre busco el hilo unificador pues sé que existe. Por ejemplo, en 1 Corintios 13 es el amor. A partir de allí es más fácil descubrir las divisiones naturales del párrafo, y luego las subdivisiones.

Cada división debiera ser distinta. La segunda no debe ser una refundición de la primera sino que debe revelar progreso en el desarrollo del tema. Además, no deben ser forzadas. Si hay sólo tres divisiones naturales en el texto, éste no debe ser forzado para que rinda cinco. Si hay cinco, no deben estirarse para tener siete, y así sucesivamente. Es aconsejable que no haya demasiadas divisiones si bien no hay regla fija en cuanto al número, y un predicador podrá ver más que otro en el mismo texto.

Una vez que haya encontrado las divisiones del pasaje bíblico, dé un título a cada sección. Lo ideal es una expresión breve del contenido general de esa división. El maestro R.A. Torrey recomienda que los encabezamientos de las subdivisiones se relacionen con el título general de la división a que pertenecen.

(b) Luego entonces es tiempo de ir a los *detalles.* Cuando haya impregnado su mente con el pasaje, haya señalado sus divisiones principales y haya establecido la idea primordial, concéntrese en los detalles de esas grandes verdades.

(1) Pregúntese: ¿Quién, a quién, qué, por qué, para qué, cómo, cuándo, dónde, quién fue el autor del pasaje, cuál fue su propósito al escribir, por qué lo expresó de esa manera?

(2) Advierta en el contexto la importancia y valor de cada palabra. Con el correr de los años el significado de algunos términos sufre variaciones. Un buen diccionario será de utilidad. Además tome en cuenta el lenguaje y la forma de expresión. Las Escrituras no pueden entenderse teológicamente si primero no se entienden en el aspecto gramatical y estilístico.

(3) Preste atención a palabras tales como *pero, entonces, pues, sino, y, por tanto, antes, para, por* ya que, por regla general, anteceden pensamientos claves o conclusiones.

(4) Note cuidadosamente la estructura, forma literaria y atmósfera del pasaje y su contexto. ¿Cuál es el trasfondo del pasaje? ¿Hay relación entre el trasfondo histórico y geográfico y las circunstancias de hoy? ¿Tiene importancia en la actualidad este pasaje?

(5) Observe, recuerde, compare.

Ejemplo: *Epístola a Tito, divisiones generales*

I.	1:1-4
II.	1:5-9
III.	1:10-16
IV.	2:1-10
V.	2:11-15
VI.	3:1-11
VII.	3:12-1

Observación detallada del párrafo 3:3-7
Título: "Antes y después"

A. *Lo que fuimos* (3)
Insensatos. Rebeldes. Extraviados. Esclavos de concupiscencias y deleites diversos. Maliciosos. Envidiosos. Aborrecibles.

B. *Lo que Dios hizo* (4, 5a)
Manifestó su bondad como Salvador. Extendió su amor a todos los hombres. Nos salvó.

C. *Cómo lo llevó a cabo* (5-6)
Negativamente: no por obras de justicia.
Positivamente: por su misericordia, por el lavamiento de la regeneración, por la renovación del Espíritu Santo derramado por Jesucristo.

D. *Su propósito al salvarno*s (7)
Justificarnos por su gracia. Que llegáramos a ser herederos de la vida eterna.

Tenga en mente que las divisiones benefician tanto al predicador como a los oyentes:

* hacen que el predicador se mantenga en el tema principal;

* facilitan a los oyentes la comprensión de las ideas del predicador;

* la memoria ya que un sermón ordenado tiene más probabilidades de ser recordado por el público.

B. SEGUNDO PASO: INTERPRETACION

Ahora es el momento de contestar la pregunta "¿qué quiere decir el pasaje?" La interpretación es el proceso de descubrir qué tenía en mente el escritor. ¿Qué verdad quiso comunicar cuando escribió esas palabras? De la correcta respuesta surgirá la correcta interpretación y la comprensión cabal de lo que se ha observado en el paso anterior.

El mejor intérprete de todo libro es su autor, puesto que sólo él sabe lo que en verdad quiso decir. Es así que el Libro de Dios sólo puede ser interpretado por el Espíritu de Dios.

Al interpretar cada pasaje, recordemos que el escritor deseaba comunicar la verdad que es más aparente. Es peligroso cuando el predicador fuerza el pasaje o lo tuerce para adaptarlo a su punto de vista, en vez de limitarse a expresar el punto de vista del autor.

La actitud del estudioso de la Biblia debe ser la de un joven que recibe carta de su novia. El muchacho lee rápida y nerviosamente la primera vez, luego vuelve a leerla vez tras vez; la mete en el bolsillo y en cualquier momento la saca para leerla una vez más. El interés y el amor por su novia hacen que durante el día, al viajar, al trabajar o al acostarse para descansar, esté pensando: ¿Qué quiso decir con aquella frase? ¿Por qué lo habrá dicho así y no de la manera acostumbrada? De la misma manera comprenderemos mejor la Palabra de Dios si leemos con avidez y continuidad.

Una buena regla de interpretación es que *lo oscuro ha de interpretarse con lo claro.* Nunca permitamos que un pasaje cuyo significado es oscuro, anule o modifique otro cuyo significado es inconfundible. Lo que sabemos de la enseñanza bíblica nunca debe ser contradicho con alguna parábola o profecía oscura. A menudo tratamos de usar nuestra creatividad en la interpretación, pero no es lo que necesitamos ya que en el pasado condujo a herejías.

1. ***El contexto del pasaje como factor supremo.*** El significado está determinado por todo el contexto, por lo tanto no

saque conclusiones impulsivas. Tome en consideración tanto el contexto inmediato como también el contexto más amplio.[5]

2. ***El complemento del Antiguo y el Nuevo Testamento.*** El Antiguo Testamento está revelado y explicado en el Nuevo. Al hacer la interpretación de un pasaje, palabra, doctrina, etc., recuerde esta declaración comúnmente atribuida a San Agustín.

En el Antiguo Testamento aprendemos acerca del carácter de Dios, sus caminos, su gobierno, su soberanía, su santidad y su poder. Además, aprendemos sobre la previsión de Dios, el temor de Dios, la paciencia, la consolación de las Escrituras, la sabiduría divina y los principios bajo los cuales opera el Señor. Sin embargo, pertenecemos a la era de la gracia, y nuestra conducta debe regirse por las claras enseñanzas y directivas del Nuevo Testamento.

Es correcto predicar sobre el Antiguo siempre y cuando lo interpretemos a la luz del Nuevo.[6]

Estudie cada testamento a la luz del otro o, como decían los viejos maestros, compare escritura con escritura. El Dr. R. A. Torrey declara: "La Biblia es el mejor comentario bíblico".

3. ***El lugar de las parábolas, la profecía, la poesía.*** Es preciso diferenciar entre un relato de la vida real y una parábola, que es la narración de un suceso ficticio (pero verosímil) del que se deduce, por comparación o semejanza, una verdad importante. También es importante distinguir aquello que entra dentro de la poesía, en especial la poética hebrea. Posiblemente la poesía sea la contribución más significativa del pueblo hebreo a la literatura universal. Una tercera parte del Antiguo Testamento es poesía. Al interpretar los poemas de la Biblia hay que tener en cuenta las normas de la poesía hebrea y sus características singulares.

---

5. Ver énfasis dado al tema en los puntos A y B del cap. 4 de la primera parte.
6. Si hay dudas en cuanto a alguna interpretación, uno debe ajustarse al Nuevo Testamento.

En cuanto a profecía[7] —tal vez lo más difícil en materia de interpretación— no sólo hay que preguntarse qué quiso decir el profeta sino además qué quiere decir la profecía.

4. *La base del método gramático-histórico.* Este método consta de la exégesis gramatical o literal y el trasfondo histórico, social, geográfico, y toda cuestión que ayude a la comprensión cabal del texto.[8]

Juan Calvino describía el método gramático-histórico como el método "natural y evidente", y afirmaba que dicho método es el "literal y primero" de un pasaje. Es necesario recordarlo para no dejarnos llevar por interpretaciones alegóricas y supuestos significados "escondidos" en el pasaje. Alguien lo explicó de esta manera: Dios dijo lo que dijo como lo dijo porque quiso decir lo que dijo.[9]

5. *La interpretación es una.*

(a) Descubra *lo que quiso decir* el autor, no lo que a usted le parece que debiera haber dicho.

(b) Dé preferencia a *la interpretación más clara y evidente* del pasaje.

(c) Dé al pasaje *un solo significado,* a menos que haya razones de peso para interpretaciones duales.

6. *"No sé, no lo entiendo."* Aprenda a admitir que a veces no sabe o no comprende algo. El orgullo nos vuelve reticentes a confesar nuestra imposibilidad para comprender tal o cual

---

7. Hallamos profecía a partir de Moisés y en la mayoría de los escritos bíblicos. Todo el Antiguo Testamento miraba al porvenir, especialmente a Jesucristo.
8. Al hablar de exégesis literal, la referencia es al significado normal y habitual que se basa en el contexto.
9. Spurgeon aconsejaba: "No forcéis un texto espiritualizándolo ilegítimamente. Esto sería un pecado contra el sentido común. ¡Cuán terriblemente se ha maltratado y despedazado la Palabra de Dios por cierta clase de predicadores que han dado tormento a ciertos textos para hacerlos revelar lo que de otro modo nunca habrían dicho!"

cuestión. Sin embargo, por regla general, con fiel estudio y oración, la gran mayoría de los pasajes son entendibles. A veces decir "no entiendo" es una manera de justificar la haraganería. Es propio tanto el estudio personal como la ayuda de otros siervos de Dios y la consulta con ellos.

7. *El estudio de una doctrina en toda la Escritura.* A menudo aparece una palabra, doctrina o verdad que nos deja perplejos. Tómese tiempo para estudiar el tema en toda la Escritura, a fin de comprenderlo a fondo y no meramente repetir lo que siempre se ha dicho al respecto. Tome en cuenta la enseñanza total de la Palabra de Dios pues ninguna doctrina descansa sobre un solo texto aislado de los demás.

Cada cuestión debiera considerarse a la luz de todas las afirmaciones de la Biblia sobre determinado tema o doctrina, ya que la Palabra de Dios nunca se contradice a sí misma.

El maestro Torrey decía que a menudo, después de haber estudiado cuidadosamente el contexto, quedamos indecisos sobre cuál de las dos o tres interpretaciones posibles de un pasaje es la que el autor quiso enseñar. En tal caso, siempre hay en la Biblia pasajes paralelos[10] que resolverán el problema. La Biblia es el mejor comentario bíblico. El mejor curso de acción es comparar escritura con escritura.

8. *El material de referencia.* Los libros son la manera que Dios usa para que conozcamos la sabiduría y el pensamiento a través de los siglos.

Utilice la concordancia para encontrar otros pasajes relacionados. Por otra parte, nunca comience su estudio leyendo primero lo que dice un comentarista pues esto llena la mente de presuposiciones y preconceptos que podrían malograr su estudio. Recurra al comentario como último recurso, en especial para ver si echa luz sobre alguna referencia al griego o brinda algún vistazo inesperado del pasaje. No desprecie

---

10. Que se refieren al mismo asunto.

buenos comentarios bíblicos, pero no sea esclavo de ellos. Las conversaciones sobre el pasaje con otros hermanos también tienen el mismo efecto, tanto positivo como negativo, de manera que sepa darles el lugar apropiado.

Una vez que haya terminado el estudio sobre un pasaje, compare los resultados obtenidos con los que han obtenido otros. Por otro lado, si su interpretación se encuentra en discrepancia con los mejores estudiosos cristianos evangélicos, avance lenta y humildemente. Lo más probable es que usted esté equivocado en sus apreciaciones.

C. TERCER PASO: APLICACION

El problema más grave de los cristianos no reside en no saber qué hacer o no saber cómo hacerlo. El problema está en ponerlo en práctica. Todos sabemos muchas cosas que jamás llevamos a cabo. La meta del predicador ha de ser no tan sólo obtener la atención del oyente sino además conducir a que éste acepte y obedezca la verdad presentada. Y el privilegio del predicador es exponer el significado de lo que Dios dice en su Palabra, y procurar aplicar las verdades a las circunstancias, condiciones y oportunidades de sus oyentes.

Mi experiencia es que cuando estoy predicando Dios habla a mi corazón mucho más a menudo que en otras ocasiones. Y antes de buscar la aplicación para el oyente, trato de que la aplicación del mensaje sea para mí mismo. Sin embargo, debemos cuidarnos pues existe la tendencia de saltar a la aplicación sin considerar la interpretación. En muchos casos, deseamos encontrar la lección en el pasaje antes de comprender en primer lugar qué es lo que significa dicho pasaje.

Una vez que el pasaje haya sido observado e interpretado, busque la dirección divina para que, de manera específica, Dios le muestre aplicaciones prácticas en cuanto a su vida personal, ministerial y congregacional. Si realiza un estudio a conciencia, no podrá escapar a la voz del Señor a su corazón. Este es el momento de fijar las lecciones en el alma, sin olvidar ponerlas por escrito de manera detallada.

La pregunta en este paso de APLICACION es: *¿Qué me dice Dios a través del pasaje estudiado?* Tenga la certeza de que Dios le hablará. Acérquese a El con expectativa. Casi sin darse cuenta estará alabando y adorando a su Señor, o confesando y siendo perdonado de algún mal obrar.

Si hay observación apropiada e interpretación correcta, la aplicación se desprenderá de manera natural, así como la fruta madura se desprende del árbol con toda facilidad.

1. ***Hay cuatro aspectos*** bien determinados para la ***aplicación de un pasaje:*** *Toda la Escritura es inspirada por Dios, y útil para enseñar, para redargüir, para corregir, para instruir en justicia* (2 Ti.3:16).

(a) *Enseñar.* Se refiere a la enseñanza de verdades básicas o doctrinas al observar e interpretar un pasaje.[11] Tal vez la enseñanza consista en una aclaración de conceptos que por años habían estado ocultos a su entendimiento.

(b) *Redargüir.* La aplicación en este caso está relacionada con un pecado señalado por Dios durante el estudio. Dios redarguye hablando a la conciencia, a fin de despertarla y sacudirla. El objetivo de redargüir es que el creyente confiese el pecado y abandone el mal comportamiento, para obtener perdón y seguir creciendo hacia la madurez.

(c) *Corregir.*[12] En la aplicación es importante la corrección de conceptos erróneos ya que no estamos exentos de ellos. Tal vez sea la forma de llevar adelante la evangelización, la organización de una iglesia local, la forma del bautismo, la manera de celebrar la Cena del Señor, etc. Al estudiar la Biblia exegéticamente habrán de corregirse un sinnúmero de aspectos, tanto de nuestra vida personal como eclesiástica. Muchas prácticas y prejuicios pertenecen al terreno de la

---

11. Básicamente la aplicación de la enseñanza es lo que esas verdades básicas o doctrinas significan para la vida del oyente en términos prácticos.
12. Gr. EPANORTHOSIS, volver a poner algo en el lugar correcto. Es la corrección de lo que está mal en la vida de una persona.

tradición, por lo cual deben someterse a la inspección de la Palabra de Dios.

(d) *Instruir en justicia.* Este aspecto de la aplicación tiene por objeto enseñar *cómo andar diariamente con Dios.* La instrucción en justicia señala cómo vivir correcta, limpia, justa y beneficiosamente cada día en los detalles prácticos de la vida. Esta aplicación se hará clara al corazón cuando examinemos el pasaje con este propósito en mente.

2. ***¿Qué decisión debo tomar en base a lo anterior?*** Enumere, punto por punto, qué piensa hacer, cambiar, corregir o dejar de lado en su vida luego que Dios le haya hablado a través del estudio exegético. Escríbalo en su libreta de notas. Agregue la fecha de su resolución, ya que ello le animará a poner manos a la obra.

Cuando luego el predicador esté componiendo el mensaje propiamente dicho, estas lecciones personales que fueron aplicadas a su propia vida, serán valiosas al aplicar el mensaje a las vidas de los oyentes.

6. *ORGANIZANDO LO ESTUDIADO PARA PREDICARLO*

Probablemente esta es la sección que más interese al predicador. "Pues bien", se dice "ya he estudiado, he disfrutado del pasaje, he descubierto aplicaciones para mi vida personal. ¿Qué hago con todo este material a fin de entregarlo al pueblo de Dios que vendrá para ser alimentado?" Si usted tomara sus estudios y compartiera las anotaciones tal como están, no estaría predicando un sermón expositivo sino que más bien estaría dando un estudio bíblico. Su tarea ahora es *organizar el fruto del estudio y darle forma de sermón,* todo esto bajo la dirección del Espíritu Santo.

El sermón expositivo es un mensaje que brota de la porción estudiada. Aun en la etapa de estudio el mensaje va tomando forma en la mente y corazón del predicador por la obra interna del Espíritu de Dios. Sin embargo, esto no nulifica el uso del intelecto ya que la iluminación divina no es sustituto de la tarea humana. Alguien lo expresó de esta manera: "Debemos combinar dependencia del Espíritu de Dios con nuestras propias investigaciones. No separemos pues, lo que Dios ha unido."

Porque el sermón expositivo debe estar acorde a la necesidad actual de los oyentes, el predicador debe entender la mentalidad de su generación, comprender a su público y saber cómo piensa. Si no lo hace, podrá enseñar buena doctrina pero no llegará al corazón del oyente. Además el predicador tiene que ubicar al auditorio específico, saber exactamente a quién le está hablando. Según sean jóvenes, ancianos, gente sencilla o muy preparada, habrá de acomodarse a esos intereses y hacer que el mensaje esté acorde a las necesidades particulares. Estos aspectos determinarán parte del enfoque del sermón.

Es crucial que el predicador relacione las enseñanzas del pasaje a las circunstancias por las que atraviesan los oyentes. Nuevamente, entonces, surge la necesidad de estar al día, informado de lo que ocurre, consciente de la mentalidad actual. Para poder llegar al corazón del público, el predicador a menudo tendrá que dejar para otra ocasión parte de lo estudiado y aprendido si eso no está acorde a las necesidades particulares del oyente en ese momento.[1]

A. EL PROPOSITO DEL MENSAJE

Su propósito es entregar un mensaje de parte de Dios para todos los oyentes. Al comenzar a bosquejar el sermón, pregúntese: *¿Qué es lo que quiero decir, y qué resultados deseo ver en los oyentes?* Enuncie el propósito por escrito a fin de recordarlo constantemente. Todo predicador debiera anhelar que los oyentes crezcan en las cosas de Dios. Para ello se hace imprescindible saber por qué predicará tal o cual mensaje expositivo.

---

1. Hay que adaptar el mensaje al tipo de público a que predicamos. Recuerdo un día singular durante una cruzada evangelística en Bolivia. Temprano a la mañana tuvimos un desayuno presidencial donde hablé sobre Deuteronomio 28 a políticos y diplomáticos. Luego fuimos a una concentración de niños donde hablé de mi conversión y de que Dios ama a los niños. Seguidamente fuimos a un almuerzo con ejecutivos; a la tarde, a un té de damas, y tuve que adaptar el mensaje a las necesidades del público femenino. A la noche tuvimos la reunión en el estadio, y de allí fuimos a la televisión para un programa en vivo. El mismo evangelio; básicamente los mismos pensamientos, pero adaptados a políticos, niños, hombres de negocios, mujeres, el público en un estadio, los televidentes. El mismo evangelio adaptado a distintas audiencias.

B. LA UNIDAD DEL MENSAJE

El mensaje debe tener unidad. La meta es plasmar sobre la congregación una idea central, por lo tanto reduzca a un mínimo la cita de pasajes paralelos. Un predicador puede llegar a malograr un sermón expositivo si cita incontables pasajes bíblicos adicionales, pues éstos hacen que el pasaje bajo estudio quede escondido. ¡Hay suficiente material en un pasaje de la Biblia sin necesidad de inundarlo con otros! Recuerde que si trata de probar sus aseveraciones con otros pasajes, su mensaje expositivo ya no es tal sino que es más un estudio bíblico.

Por otra parte, descarte sabia e inteligentemente todo aquello que carece de aplicación directa al mensaje.[2]

No intente dar tres sermones en uno. Aspire a que cada punto del sermón sea un escalón que haga avanzar al oyente hacia la meta a que usted quiere llevarlo. El sermón debe ser un conjunto de pasos hilvanados con unidad.

C. LA LOGICA DEL MENSAJE

Es necesario un método en las ideas y el razonamiento. La combinación de una lógica práctica y espiritual hará del sermón un deleite. *Hay que explicar las cosas,* no demandar que la gente las acepte porque el predicador así lo dice. Avance paso a paso en el sermón observando el rostro de la gente y tratando de descubrir si siguen prestando atención o han perdido interés.

D. LA SENCILLEZ DEL MENSAJE

No es necesario incluir en el sermón cada detalle y cada conclusión a que arribó durante su estudio exegético. Al

---

2. De la misma manera que dejó de lado lo que carecía de importancia para las necesidades de los oyentes.

referirse a detalles tales como cambios en los tiempos verbales y sus posibles significados, asegúrese de mostrar la relevancia que eso tiene para "la viuda de la congregación que tiene que lavar ropa de sol a sol para alimentar a sus seis hijitos", como solía decir Spurgeon.

Por otro lado, procure usar conceptos espirituales profundos y al mismo tiempo un lenguaje sencillo. Recurra a imágenes e ilustraciones que estén de acuerdo con el público. Spurgeon animaba a sus estudiantes: "Si predicamos la verdad pulida, y verdades bíblicas puras valiéndonos de palabras sencillas y claras, seremos pastores fieles de las ovejas y el provecho del pueblo pronto se hará patente."

E. LA ACTUALIDAD DEL MENSAJE

El valor del sermón y sus efectos sobre la congregación estarán en relación directa con una aplicación actual para los oyentes.[3] Deje de lado lo obvio, viejo y trillado. No predique como si viviera en el siglo pasado, haciendo referencia a cuestiones de antaño o a situaciones que sólo existen en su imaginación. Sea contemporáneo y utilice aplicaciones prácticas y edificantes para el día de hoy.

La gente debe experimentar en forma personal que el mensaje de la Biblia no es anticuado sino que se aplica al presente. Louis Cassels, quien fuera reconocido periodista de la agencia de noticias United Press International, declaró: "Si se persiste en entregar piedras cuando la gente pide pan, ésta dejará de ir a la panadería."

---

3. El predicador Spurgeon hacía gran énfasis en "hacer creer al auditorio que puede tener un interés profundo en lo que estamos diciéndole." El añadía que "nadie dormirá si está esperando oír algo de provecho propio. He oído decir algunas cosas muy extrañas, pero nunca hasta ahora he oído hablar de un hombre que se duerma al dársele lectura a un testamento del cual esperaba recibir un legado; ni he oído decir que un acusado dé cabida al sueño mientras el juez se dispone a fallar y su vida está en peligro. Un interés personal conduce a la mayor atención. Predicad sobre asuntos prácticos, urgentes, actuales, personales, y se os prestará una atención muy seria."

F. LA ESTRUCTURA DEL SERMON

El sermón expositivo debe contar con la estructura general de un sermón: introducción, cuerpo con puntos principales y secundarios, ilustraciones, y por último conclusión y aplicación. La gran diferencia con otros sermones es que *el pasaje mismo provee la estructura del sermón.* El predicador no inventa la estructura sino que la descubre. El sermón está supeditado a la Escritura, no viceversa.

Alguien comparó el sermón a un puente. El acceso a ese puente es la introducción. La estructura es el tema general, mientras que cada división es una columna de apoyo. El otro lado del puente es la aplicación, y es el destino adonde el predicador desea llevar al oyente.

G. EL TITULO DEL SERMON

El sermón necesita un título moderno, atractivo y a la vez descriptivo. Ejemplos: Con Cristo en la tormenta (Jn. 6:16-21), La confusión de la gente (Jn. 7:25-36), La oración de los siglos (Jn. 17).

Además, sea creativo para los títulos de las divisiones del sermón. Varíe la forma: preguntas, afirmaciones, tal vez un diálogo imaginario. Dentro de lo posible, descarte la fraseología trillada y la jerga religiosa.

H. EL BOSQUEJO DEL SERMON

Siguen dos sugerencias —en especial para quienes se inician, pero también para quienes ya cuentan con años de experiencia.

1. ***El sermón completo, para uso propio.*** El escritor A. W. Blackwood dice: "El hombre sabio aprende temprano en la vida a escribir en su totalidad todo un sermón semanal. En vez de escribir dos, más bien revisa ese uno." El Dr. R. A. Torrey sugería lo mismo a sus estudiantes. Ensaye y verá que el sermón mejorará cada semana. El lenguaje se tornará más pulido, el sermón será más breve y nuestro razonamiento y forma de expresión más claros.

2. ***El bosquejo breve para el púlpito.*** No es recomendable llevar al púlpito todo el sermón escrito. Hay pastores y predicadores que lo hacen... y se nota. Esta práctica quita frescura al mensaje.

Aconsejo que, una vez que haya escrito el sermón en su totalidad, elabore un bosquejo conciso para que llevar al púlpito. No se ate inflexiblemente al bosquejo pues el mensaje podría perder fuerza y naturalidad. En mis bosquejos anoto los puntos principales en rojo y los secundarios en negro. También agrego las ilustraciones. De esta forma me protejo ante un olvido de los diferentes puntos y subpuntos.

Ejemplos de sermones basados en distintos pasajes del Evangelio de San Juan:

GRANDES VERDADES (6:59-69)

A. Verdades difíciles (59-62)
   1. Verdades duras (59-60)
   2. Verdades complejas (61-62)

B. Verdades espirituales (63-65)
   1. El espíritu (63a)
   2. La carne (63b)
   3. Las palabras de Cristo (63c)
   4. La fe (64)
   5. La obra del Padre (65)

C. Verdades que causaron abandono (66-69)
   1. Los que se fueron (66)
   2. Los que permanecieron (67-69)

LA CONFUSION DE LA GENTE (7:25-36)

A. La confusión de los cobardes (25-26)

B. Confusión por ignorancia escritural (27)

C. La confusión de los fariseos (28-32)
   1. Confusión por ignorancia (28-29)

        2. Confusión por falta de fe (30-31)
        3. Confusión en cuanto a la soberanía de Dios (32)
    D. Confusión sobre las doctrinas de Cristo (33-36)

¿HIJOS DE DIOS? (8:37-47)
- A. Descendientes del hombre piadoso (37-38)
    1. Descendencia reconocida (37a)
    2. Corazón criminal (37b)
    3. Palabra rechazada (37c)
    4. Conciencia sacudida (38)
- B. Hijos del diablo (39-46)
    1. Jesucristo acusa (39-40)
    2. Jesucristo condena (41-42)
    3. Jesucristo pregunta (43)
    4. Jesucristo declara (44)
        - a. Ellos son del diablo (44a)
        - b. Quién y cómo es el diablo (44b)
    5. Jesucristo recrimina (45)
    6. Jesucristo desafía (46)
- C. Resumen final (47)
    1. El que oye (47a)
    2. El que no oye (47b)

EL BUEN PASTOR (10:1-16)
- A. La voz incomparable (1-6)
    1. El ladrón o el pastor (1-2)
    2. La voz del pastor (3-4)
    3. Seguimos la voz que conocemos (5-6)
- B. El protector inigualable (7-10)
    1. Yo soy la puerta (7,9)
    2. Cuidado con el ladrón (8)
    3. Lo que ofrece Jesucristo (10)
- C. Un pueblo y un pastor (11-16)
    1. Las marcas del buen pastor (11,14-15)
        - a. Da su vida por las ovejas (11b)
        - b. Conoce a sus ovejas (14b)

c. Es conocido por sus ovejas (14c)
d. Desea íntima comunión (15a)
2. Las marcas del falso pastor (12-13)
a. No le importan las ovejas (13)
b. No actúa como pastor (12a)
c. Abandona el rebaño (12b)
3. El gran pastor (16)

LA RESURRECCION DE LAZARO (11:1-45)

A. El trasfondo del milagro (1-16)
1. Jesús recibe el mensaje (1-6)
2. Jesús se prepara para ir a Betania (7-16)
B. La escena del milagro (17-32)
1. El hogar de duelo (17-19)
2. Las hermanas de Lázaro (20-24,29-32)
3. La resurrección y la vida (25-28)
a. Fe para resurrección (25-26a)
b. Necesidad de una decisión (26b-28)
C. El milagro (33-45)
1. El amor y la compasión de Jesús (33-38)
2. La determinación de Jesús (39-40)
3. La comunión de Jesús con su Padre (41-42)
4. La resurrección de Lázaro (43-44)
5. La fe que produjo el milagro (45)

JESUCRISTO APARECE A MARIA MAGDALENA (20:11-18)

A. El dolor de María por el Señor (11-12,14)
1. El dolor natural por la muerte (11)
2. El dolor que sobrepasa el asombro (12)
3. El dolor que enceguece (14)
B. El amor de María por el Señor (13-18)
1. Diálogo con los ángeles (13)
2. Diálogo con Jesús (14-17)
3. Diálogo con los discípulos (18)

JESUCRISTO APARECE A LOS DISCIPULOS (20:19-29)

A. Jesús ante los diez discípulos (19-23)
   1. Su aparición sobrenatural (19-20)
      a. Eventos sobrenaturales (19a)
      b. Palabras especiales (19b)
      c. Evidencias incontrovertibles (20a)
      d. Efecto innegable (20b)
   2. Su comisión a los discípulos (21-23)
      a. El envío (21)
      b. La energía (22)
      c. La autoridad (23)

B. Jesús ante el intelectual persuadido (24-29)
   1. Tomás había estado ausente (24)
   2. Tomás demanda pruebas tangibles (25)
   3. Tomás recibe pruebas tangibles (26-27)
   4. Tomás se entrega de corazón (28)
   5. Jesús enseña lección universal (29)

7. COMO PREDICAR EL SERMON

El predicador se ha preparado y está listo para predicar a una congregación expectante. Mi recomendación es no anunciar que desde ahora en más sus sermones serán expositivos. Lo más probable es que no lo entiendan, y hasta crean que resultará aburrido. La experiencia demuestra que el público advertirá la diferencia por sí solo, sin necesidad de explicaciones de su parte. Le aconsejo que directamente comience a predicar.

La eficacia inmediata del sermón depende en gran manera de la forma en que se entrega. Asegúrese de que la gente escuche con atención, para que entonces capte el mensaje. Aunque éste es el último paso en la preparación, no por ello tiene menos importancia. ¿De qué vale al predicador comprender un pasaje estudiado exegéticamente y transformarlo en un mensaje, si luego falla la comunicación con los oyentes?

Consideremos algunas reglas sobre cómo presentar el mensaje expositivo o, como diría Spurgeon, "cómo servir el manjar en el plato de tal manera que la gente quiera comer con gusto y entusiasmo."

A. SEA FIEL AL TEXTO BIBLICO.

Recuerde que está predicando un sermón expositivo y que por lo tanto el texto bíblico es su mensaje. Evite deambular de un lado a otro de la Biblia y ajústese al pasaje. Ya habrá ocasión de predicar sobre otras porciones bíblicas y otros temas. No se vaya por tangentes que carecen de importancia para el asunto central que quiere comunicar. Las otras cuestiones surgirán naturalmente al exponer otros pasajes de la Escritura.

B. SEA POSITIVO Y EDIFICANTE.[1]

Evite constantes exhortaciones negativas ya que crean respuestas negativas y ponen a la gente a la defensiva. Enfatice *lo que somos* como hijos de Dios, no lo que *no somos.* Haga resaltar lo que disfrutamos, no lo que despreciamos. El mundo en general y los creyentes en particular (éstos por la obra del Espíritu Santo) son conscientes de lo malo, pero muy pocos en verdad conocen aquello que es bueno, correcto, justo, agradable a Dios.[2]

Spurgeon llamaba al púlpito "el castillo de los cobardes" porque muchos predicadores lo utilizaban para vengarse de algún oyente o para atacar desde una posición alta. El púlpito debe reservarse para los propósitos de Dios, y no de los hombres. Una manera de evitar el peligro del mal uso del púlpito es amar a los oyentes y edificarlos positivamente. Sin embargo, en pasajes como Gá. 5:17-21, ciertas porciones de 1 Corintios, o incluso Judas, lo importante es declarar verdades que tal vez sean desagradables, pero al mismo tiempo mostrando cómo la obra de Cristo puede transformarnos.

C. USE TERMINOLOGIA E IMAGENES ACTUALES.

Sea dinámico y actual en su comunicación. Al expresarse, utilice términos comprensibles (1 Co. 14:9). El Señor

---

1. Ver también punto 3 en el capítulo "El estilo del predicador".
2. Dentro de este concepto es propio enfatizar cómo Cristo nos cambia, nos rescata, nos ayuda a dejar todo lo vil, etc.

Jesús usó un lenguaje que todo su público —compuesto en su mayoría por gente de pueblo— podía entender fácilmente.[3]

E. EVITE LA MONOTONIA.

Hay quienes objetan que la gente se aburre de los sermones. El Dr. Campbell Morgan afirma: "La indiferencia en el mundo es mayormente el resultado de la falta de pasión en el púlpito." Cuando los hombres no escuchan la palabra de Dios, es porque falta pasión en el corazón de los que la predican. Cada vez que un predicador alega que el público no quiere oír exposición, en realidad es una condenación al predicador en sí, no a los sermones expositivos.

Spurgeon explicaba: "Esforzaos en presentar en vuestros sermones pensamientos tan interesantes como sea posible. Si veo a alguna persona volteándose en su asiento o cuchicheando, o cabeceando, o consultando su reloj, concluyo luego que estoy faltando a mi deber, y me esfuerzo en el acto de ganar su atención ... cuando me pasa, tengo la costumbre de culparme a mí mismo, y de confesar que no merezco la atención de mis oyentes si no sé cómo cambiarla."

Según Spurgeon, la lección que uno debe aprender de su falta de éxito no es cesar en los empeños, sino cambiar los métodos. Evite la monotonía variando sus métodos. Deténgase en forma repentina y luego siga con lentitud. Use sus manos y brazos. Modifique la extensión de divisiones y puntos en el mensaje. Alguna vez corte el sermón con mucha anticipación. Mantenga a la gente en un suspenso sano. Haga lo opuesto a lo que el oyente prevé.[4]

Como señal de entusiasmo y para mantener la energía, recomiendo el uso de frases cortas en la predicación, ya que transmiten con sencillez y eficacia el fuego de Dios.

---

3. Ver capítulo 6, punto E, "La actualidad del mensaje."
4. Considere la posibilidad de dramatizaciones de vez en cuando. Además, es útil contar con un retroproyector a fin de que los oyentes vayan siguiendo el bosquejo del sermón.

E. HAGA BUEN USO DE LA ORATORIA.

Esta tiene su lugar y valor. Sin embargo, recuerde que su propósito no es el brillo personal sino la comunicación de un mensaje de parte de Dios. Este debe ser el propósito primordial de la oratoria en el púlpito cristiano evangélico.

Un hombre dotado de la más excelente voz, y a quien le falten conocimiento y un corazón ardiente, será —al decir del pensador Plutarco— "voz y nada más".

F. TRANSMITA ENTUSIASMO.

Predique con entusiasmo; muestre pasión al hablar del pasaje. Su entusiasmo entusiasmará. Si la congregación se muestra aburrida, es porque por regla general el predicador aburre con su manera de predicar. Si ése es su caso, ¡cambie radicalmente! Hasta los jóvenes vendrán a escuchar con ánimo y expectativa si usted en sus mensajes transmite dinamismo.

Por otro lado, cuando el predicador experimenta una vida de poder, su meta primordial es agradar a Dios. Cuando ése es nuestro objetivo Pablo afirma que estamos animados.[5] Esto significa que tenemos entusiasmo y alegría en nuestra vida y deseamos transmitirlos.

G. SEA PRUDENTE EN EL USO DE LA VOZ.

Al predicar, asegúrese de que las palabras sean no sólo audibles sino además pronunciadas con tal claridad que los presentes las entiendan. Si una buena parte de la congregación no oye claramente al predicador, poco provecho se sacará de su mensaje, aún cuando hablara en lenguas humanas y angélicas (1 Co. 13:1).

En la predicación evangelística, siendo que se trata de ganar la atención de gente que no está interesada, a veces es

5. "Confiamos" (2 Co. 5:8 RV); "cobramos ánimo" (BLA).

necesario elevar la voz. Pero en predicación expositiva lo recomendable es hablar con tranquilidad —aunque también con dinamismo. Hable como hablaría un verdadero padre o hermano en la fe a una persona interesada en el asunto que están tratando. La mejor ayuda práctica para la voz es el descanso antes del sermón. Si uno no ha dormido bien, la voz se vuelve más apagada. Además, el ejercicio físico resulta de gran ayuda para la voz.[6]

En su libro *Discursos a mis estudiantes,* Spurgeon incluye capítulos sobre el uso de la voz en la predicación.[7] En uno de los capítulos el autor menciona que a menudo la Biblia nos habla acerca del uso de la voz, por ejemplo *Levanta fuertemente tu voz* (Is. 40:9).

Varíe el volumen de voz donde corresponda, y sepa cargarla de emoción, autoridad o alegría, según resulte apropiado.[8]

H. COMO LEER LA BIBLIA EN EL PULPITO.

Hay distintos métodos para leer la Escritura y mantener la expectativa de la congregación. Busque el método apropiado para la suya. En mi experiencia, estos pasos específicos produjeron excelentes resultados:

1. No anunciar el pasaje completo. Simplemente diga por ejemplo: "Veamos juntos el capítulo 3 de Tito, y el versículo 1." Como en ese caso el primer punto cae en el

---

6. Ver punto H, "Buen estado físico" en cap. "La persona del predicador."
7. Exhortaba a sus estudiantes: "No dejéis de pensar debidamente en vuestra voz porque su excelencia puede contribuir mucho a que logréis el objeto que esperáis conseguir."
8. El sabio consejo de Spurgeon era: "Para ganar la atención de vuestro auditorio, haced tan agradable como os sea posible, vuestro modo de predicar. No hagáis uso, por ejemplo, siempre del mismo tono. Variad la elevación de la voz. Variad también la rapidez de vuestra elocución. Variad vuestro acento, alterad vuestro énfasis, y evitad la monotonía. Dad también variación a los tonos. Buscad de todos modos la variedad."

versículo 2, deje de leer allí. Esto sorprenderá a la gente, acostumbrada a largas lecturas. En seguida entonces comience con el primer punto del mensaje en la forma más natural. Ellos nunca sabrán donde terminará.

2. Leer sólo los versículos que corresponden a cada punto del sermón. Siguiendo con el ejemplo de Tito 3, después de haber dado su exposición de los versículos 1 y 2, continúe diciendo algo como: "En los versículos 1 y 2 Pablo declara cuál es la nueva conducta del creyente en Cristo, y en los versículos 3 al 7 nos recuerda lo que fuimos y cómo Dios nos sacó de tal condición. Leamos esos versículos."

La lectura bíblica por etapas puede usarse como medio tanto para mantener la expectativa y atención del oyente, como también para ayuda del mismo predicador en el manejo del tiempo. Si por alguna razón el tiempo no le alcanzara, sólo tiene que concluir antes de finalizar todo el bosquejo, sin que los demás necesiten saberlo.

Lea el primer párrafo y haga la exposición. Lea el segundo párrafo y haga la exposición. Lea el tercer párrafo y haga la exposición.

I. REPASE A MEDIDA QUE AVANCE.

Esto mantiene el hilo de la exposición en la mente del oyente. Su sistema debiera ser "avanzando y resumiendo lo dicho, avanzando y resumiendo". El objetivo del repaso es demostrar la continuidad y conexión de su mensaje y la lógica de sus conclusiones. Esto tiene la ventaja adicional de que el predicador lleva de la mano al oyente en la caminata por el párrafo bíblico.

SEGUNDA PARTE

EL PREDICADOR

1. QUE ES UN PREDICADOR

Nuestra predicación está íntimamente ligada a nuestra vida personal, y es un reflejo de nosotros mismos.

Hechos 20:17-38 y 1 Tesalonicenses 2:1-13 son dos pasajes claves en el tema de la gloria de la predicación, y como predicadores debiéramos estudiarlos de rodillas. Allí vemos el carácter de Pablo y la razón por la que Dios lo usó de manera tan poderosa.

La predicación es la combinación de la vida personal del predicador y la Palabra de Dios hablada. Nuestro mensaje es probablemente 50% lo que predicamos, pero no podemos esconder el otro 50% tras la cruz. Nuestros oyentes nos observan.

¿Qué es el predicador?

PROFETA

La misión del predicador cristiano es ser profeta cuya tarea es advertir y ser observador, según su experiencia, del don de Dios y la unción del Espíritu Santo.[1]

---

1. Esto quizás sea más aplicable al evangelista y predicador itinerante que al pastor. Por otro lado, hallamos que Pablo define la misión del pastor en 1 Ti. 4:13. En ese caso, *exhortación* puede equivaler a la parte profética, aunque vez tras vez en Timoteo el apóstol habla de la misión de enseñar que tiene el pastor.

Al hablar de profecía no hacemos referencia específica a la predicción del futuro, sino a la declaración de las verdades de Dios. Vayamos a un ejemplo:

> *¿No sabéis que los injustos no heredarán el reino de Dios? No erréis; ni los fornicarios, ni los idólatras, ni los adúlteros, ni los afeminados, ni los que se echan con varones, ni los ladrones, ni los avaros, ni los borrachos, ni los maldicientes, ni los estafadores, heredarán el reino de Dios.*
>
> (1 Co. 6:9-10)

Esa es la palabra de un cristiano que observa la situación a su alrededor y con la autoridad de un profeta advierte en términos claros y cortantes que la maldad aleja al hombre del reino de Dios. Ante esa advertencia, habrá personas que se sentirán aludidas y arreglarán sus cuentas con Dios.

SACERDOTE

> *Cuando les hubo dicho esto, les mostró las manos y el costado. Y los discípulos se regocijaron viendo al Señor. Entonces Jesús les dijo otra vez: Paz a vosotros. Como me envió el Padre, así también yo os envío. Y habiendo dicho esto, sopló, y les dijo: Recibid el Espíritu Santo. A quienes remitiereis los pecados, les son remitidos; y a quienes se los retuviereis, les son retenidos.*
>
> (Jn. 20:20-23)

Si bien todos los cristianos somos sacerdotes ante Dios, la idea aquí es comparar al predicador con el sacerdote que declaraba limpia a una persona. Sin embargo y por extensión, bajo el pacto de la gracia todos los creyentes pueden llevar a cabo esta misión.

¡Qué autoridad entrega el Señor a los predicadores de su Palabra! Estamos en el mundo para proclamar el mensaje de Dios con la misma autoridad que Cristo tuvo y que nos delegó. Al darnos el Espíritu Santo Jesucristo nos asegura que tenemos la autoridad de decirle a quien se convierte a Cristo: *Tus pecados te son perdonados.* (Lucas 5:20).

VEHICULO

No somos la fuente de estos pensamientos grandiosos y profundos. La mayoría de las ideas que compartimos al predicar las hemos tomado —consciente o inconscientemente— de otros con más experiencia o que han pasado más años estudiando. Si la idea es nueva y original, el Señor nos las dio. Muy pocas cosas nacen de nosotros ya que no hay nada nuevo bajo el sol. La fuente es Dios mismo.

Algunos hemos sentido que Dios nos llamaba a ser predicadores (Gá. 1:15). Sin embargo, el estar conscientes de una vocación no significa que seamos la fuente de lo que hacemos. Sólo somos vehículos, instrumentos en el drama de la fe.

Predicar la palabra de Dios, ya sea para salvación o edificación, y reafirmar que es la Palabra de Dios, debiera producir en nosotros cierto temor de que en verdad estamos transmitiendo un mensaje de Dios, y no simplemente comunicando lo último que hemos leído.

Cuando hacemos que una criatura nazca espiritualmente, somos instrumentos. Es como si hubiéramos estado allí cuando el Señor hacía nacer al bebé espiritual.

Somos vehículo a través del cual Dios habla. Nuestra tendencia es olvidar que cuando hablamos, Dios mismo está hablando y somos sus instrumentos (Hch. 9:15). El mensaje no se originó en nosotros sino en la Escritura. Los pensamientos no son nuestros sino que el Espíritu Santo los trae a la memoria. Son pensamientos revelados en la Escritura que nunca hubieran venido por sí solos a nuestra mente.

En un sentido estamos hablando, pero es Dios quien lo está haciendo a través de nosotros (2 Co. 5:20).

VASO

Somos vasos/recipientes saturados de Dios y de la obra de Dios. Debemos estar llenos de Dios y de su Palabra (Sal. 119:11; Ef. 3:19).

Somos un vaso que rebosa (Sal. 23:5). Pidámosle a Dios que esto sea una realidad constante a fin de tener pasión por las almas; y asegurémonos de que la pasión continúe y el fuego siga ardiendo.

Somos vasos puros y útiles para el Maestro (2 Ti. 2:21).

VOZ

Somos la voz autorizada de Dios pues el Señor Jesús nos ha autorizado y predicamos en su nombre (Ef. 4:11); somos la voz del heraldo que viene en nombre del rey; la voz de un testigo que ha visto algo y actúa con responsabilidad de modo que su testimonio sea creíble (Hch. 1:8). Somos la voz de salvación que está presente cuando se opera el milagro de la conversión. También estamos presentes en la crisis de la santificación porque Dios nos utiliza para que un apartado regrese.[2]

ENCARNACION DE SU PROPIA PREDICACION

La vida y conducta del predicador deben estar acordes a su predicación (Stg. 1:22).[3]

Sed imitadores de mí (1 Co. 11:1) dice Pablo repetidamente. Si usted no es digno de ser imitado, es mejor que no predique. Eso no significa que seamos perfectos. Sabemos que nunca seremos la total encarnación de nuestro mensaje,

---

2. En mi caso, el predicador Ian Thomas fue la voz de santificación porque me enseñó qué significaba la obra del Cristo viviente en mi vida, y eso cambió mi ministerio, mi predicación, mi fruto, y todo mi ser.
3. Ver cap. "El predicador y su relación con Dios."

de manera que en lo que decimos hay un toque de humildad y ternura.

También hemos de ser la encarnación de lo que predicamos en relación al cónyuge y a los hijos (1 Ti. 3:4-5).

No que el predicador sea automáticamente dicha encarnación, sino que procura serlo, y por ello actúa con humildad.

2. *LOS PROPOSITOS DEL PREDICADOR*

Cuando era adolescente comencé a sentir el llamado de Dios. Recién me iniciaba; nadie me conocía. Sólo era un muchachito soñando que el Señor lo usaría. Fue entonces que recordé las palabras de un viejo himno que solíamos cantar:

Jesús yo he prometido
servirte con amor;
concédeme tu gracia,
mi amigo y Salvador.

El Espíritu Santo trajo ese himno a mi corazón y lo canté con tanta sinceridad que incluso hoy me emociona hasta las lágrimas. Mi vida tiene un propósito: estoy comprometido a cumplir esa promesa de servir a Jesús hasta el final. El sueño que el Señor trajo a mi corazón en mi adolescencia, es un sueño que permanece vivo y que me lleva a obedecer a Dios en mi tarea y objetivos como predicador.

GLORIFICAR A DIOS

La gloria de Dios es el más alto propósito en la misión del predicador (2 Ts. 1:12; 3:1; 1 P. 4:11). Glorificar a Dios, no glorificarse a sí mismo ni a su congregación, talentos, apariencia, capacidades intelectuales o verbales. Dios advierte: *No daré mi gloria a otro* (Is. 42:8).

Cuando se proclama el nombre de Jesucristo, Dios está siendo glorificado (2 Co. 2:14-16), y éste debe ser el primer y último pensamiento del predicador. Dios es glorificado cada vez que, ungidos por el Espíritu Santo, presentamos un mensaje.

CONVERTIR A LOS PECADORES

Dice Santiago: *Si alguno de entre vosotros se ha extraviado de la verdad, y alguno le hace volver, sepa que el que haga volver al pecador del error de su camino, salvará de muerte un alma, y cubrirá multitud de pecados* (5:19-20). Trabajemos a fin de hacer volver al que se ha extraviado de la verdad. ¡Qué privilegio salvar a un alma de la muerte!

¿Qué motiva a un cristiano a hablar a otros acerca de Jesús y a persuadirlos a ser cristianos? El amor de Cristo que ha sido derramado en nuestro corazón (Ro. 5:5; 2 Co. 5:14).

Recuerdo cuando en mi juventud mi madre nos alentaba a mí y a mis amigos, diciendo: "Vamos, ustedes no necesitan una revelación especial de Dios para ir a los perdidos. Hace siglos El dejó la gran comisión de anunciar las Buenas Nuevas a todo el mundo. Así que vayan. No se queden esperando más instrucciones."

CAPACITAR A LOS SANTOS

Jesús comisionó a sus seguidores, ordenándoles que hicieran discípulos en todas las naciones (Mt. 28:19). Es vital que el predicador tenga como meta la edificación y crecimiento espiritual de los creyentes. El Señor constituyó a unos pastores y maestros, *a fin de perfeccionar a los santos para la obra del ministerio, para la edificación del cuerpo de Cristo* (Ef. 4:12).

DEMOSTRAR EL PODER DE DIOS

Bajo la plenitud y unción del Espíritu Santo, el predicador cristiano debe bregar por una predicación que demuestre el poder de Dios (1 Co. 2:4; 1 Ts. 1:5). Pidamos al Señor que durante la predicación se manifieste su poder y obre en los corazones; que los incrédulos se humillen ante Dios, reconociendo la presencia divina en medio de su pueblo que profetiza y predica la Santa Palabra de Dios (1 Co. 14:24-25).[1] Pidamos también a Dios que el mensaje llegue al corazón de los suyos, y que los edifique en el conocimiento de Cristo.

---

1. La confrontación entre el poder de Dios y el poder de Satanás se hace muy real en un esfuerzo de corte evangelístico. Las fuerzas malignas atacarán del lado menos esperado. Las fuerzas del maligno se oponen a la proclamación del mensaje de salvación en Cristo porque Satanás se resiste a que se predique la obra de la cruz.

3. *LA MENTALIDAD DEL PREDICADOR*

CONFIANZA EN DIOS

Seamos cristianos de fe. Fe en Dios y en su poder. Pablo señala: *Ni mi palabra ni mi predicación fue con palabras persuasivas de humana sabiduría, sino con demostración del Espíritu y de poder, para que vuestra fe no esté fundada en la sabiduría de los hombres, sino en el poder de Dios* (1 Co. 2:4-5).

Es envidiable el entusiasmo y la casi pueril confianza en Dios de los nuevos creyentes. Las historias de héroes de la fe tales como Jorge Müller o Corrie ten Boom inspiran a los nuevos cristianos a lanzarse a acciones que algunos podrían considerar osadas.[1]

---

1. Jorge Müller de Bristol, en Inglaterra, pasaba largo tiempo en oración. Fue uno de los grandes maestros de la Biblia en su país. Nunca le pidió 10 centavos a nadie, y con la respuesta a sus oraciones llegó a alimentar a más de 2000 niños diariamente en los cinco orfanatos que dirigía.

Corrie ten Boom, por su parte, autora de "El refugio secreto", pasó largo tiempo en campos de concentraciones durante la Segunda Guerra Mundial, y luego se dedicó a la obra misionera, empezando por su Holanda natal.

Pero con el correr del tiempo, las arterias espirituales pueden endurecerse y nos llegamos a volver cínicos. Perdemos el gozo y la emoción de la vida cristiana. Aunque nuestras declaraciones doctrinales son teológicamente correctas, es posible que nuestras vidas nieguen la realidad que afirmamos con nuestros labios. Si deseamos que Dios nos siga usando, confesemos nuestra incredulidad pidiéndole que renueve nuestra fe en su poder.

Transmitamos fe a aquellos con quienes compartimos el mensaje, y reflejemos esa fe en nuestra confianza en la Palabra de Dios.

EXPECTATIVA

El predicador debe tener un sentido de expectativa de que Dios obrará, de que Dios está hablando y en consecuencia no serán meras palabras huecas de nuestra parte. Jesucristo prometió: *El que cree en mí, las obras que yo hago, él las hará también; y aun mayores hará...* (Jn. 14:12). Dios ansía resultados, tanto en los cristianos como en los que no lo son.

Como evangelista, decidí ilustrar este punto con lo que podría parecer privativo de la evangelización, pero el sentido de expectativa del predicador es más amplio y se aplica a todos los aspectos del ministerio.

Creo firmemente que Dios desea atraer a sí a todos los hombres (2 P. 3:9). Creo en la predicación para decisiones inmediatas. No puedo dar por sentado que quienes me están oyendo tendrán otra oportunidad de responder al evangelio. Se cuenta que una vez Spurgeon, el famoso príncipe de los predicadores, se encontró con un joven estudiante de un instituto de pastores. El muchacho le dijo: —Señor Spurgeon, yo no comprendo cómo es que cada vez que usted predica se convierten personas a Jesucristo, mientras que cuando yo predico prácticamente no se convierte nadie.

—¿Acaso esperas conversiones cada vez que predicas? —inquirió Spurgeon.

—No, por supuesto que no —contestó el joven.

—Pues ya ves por qué no se convierte nadie... Tú no esperas que se convierta nadie y, como consecuencia, no ves resultados.[2]

La Biblia declara: *Conforme a vuestra fe os será hecho* (Mt. 9:29). Tengamos expectativa porque *Dios* está hablando a través del mensaje. Es por ello que habrá resultados y el Señor será glorificado.

HUMILDAD

Es preciso que el predicador tenga una actitud de humildad y evite a toda costa tener más alto concepto de sí que el debido (Ro. 12:3).

Nuestra actitud siempre debe ser la de humildes siervos de Dios. El bendice a aquellos que se humillan (Lc.14:11). Muchos cristianos ya no son creyentes útiles por haberse elevado en el pedestal del orgullo.

En Mr. 9:33-37 leemos: *Y llegó a Capernaum; y cuando estuvo en casa, les preguntó: ¿Qué disputabais entre vosotros en el camino? Mas ellos callaron; porque en el camino habían disputado entre sí, quién había de ser el mayor.* Los discípulos estaban disputando quién sería el más sobresaliente y gozaría de más reconocimiento.

Sin perder la calma, el Señor Jesús les advirtió: *Si alguno quiere ser el primero será el postrero de todos y el servidor de todos.* Seguidamente tomó un niño, lo puso en medio de los demás, y rodeándolo con sus brazos dijo: *El que reciba en mi nombre a un niño como éste, me recibe a mí; y el que a mí me recibe, no me recibe a mí sino al que me envió.*

Dios aborrece el corazón altivo (Pr. 16:5), pero se deleita cuando un siervo suyo proclama su Palabra con las rodillas dobladas y el corazón humillado (Pr. 15:33; Is. 57:15; 1 P. 5:5).

---

2. Si no comprendemos por qué nadie se salva, hagámonos varias preguntas esenciales: ¿Lo espero? ¿Es mi meta? ¿Presento el evangelio? ¿Oro para que haya conversiones? ¿Hay inconversos presentes?

Recuerdo que en cierta ocasión estaba en Alemania predicando el evangelio, y en ese mismo lugar estaba el Dr. Billy Graham. Un joven predicador alemán le solicitó una entrevista, y tras algunas preguntas y consejos dijo: —Dr. Graham, por favor ore por mí; déme una bendición.

Billy se puso de rodillas, hincándose con el rostro en el piso y comenzó a orar por este joven predicador con una pasión y una entrega totales. Cuando terminó de orar, yo (que estaba en la misma sala) tenía lágrimas en mis ojos al ver a este famoso y gran hijo de Dios en esa posición de entrega, derramando su alma por un predicador que recién se iniciaba. Soy muy amigo de Billy Graham, y le pregunté por qué había puesto su rostro en el piso para orar por el joven.

—Luis —respondió Billy—, aquellos a quienes Dios usa en su obra, somos los primeros que debemos hincarnos ante El y humillarnos. El Señor desea que le demos la gloria que le pertenece.

Tal vez seamos como Juan y Jacobo, que deseaban estar sentados a la derecha y a la izquierda del trono de Dios. En ese caso, el Señor habrá de recordarnos: *Si alguno quiere ser el primero, será el postrero de todos, y el servidor de todos* (Mr. 9:35).

Los pastores, ministros y líderes del pueblo de Dios son quienes *sirven* al pueblo de Dios. El apóstol Pablo reconoció que por amor a Jesús él era siervo de los cristianos a quienes ministraba (2 Co. 4:5). Esa es la actitud que corresponde a un verdadero discípulo de Jesucristo, y quien desea ser líder sólo en nombre, título o reconocimiento, jamás podrá ser líder en todo el sentido de la palabra.

Innumerables cristianos que parecían tener dones extraordinarios, gran potencial y un tremendo futuro, al mismo tiempo caminaban en el poder de la carne en vez de hacerlo en el poder del Espíritu.[3] Tales cristianos deseaban imponer su propia voluntad antes que servir al pueblo de Dios con

---

3. Ver libros *A cara descubierta* y *¿Quién ganará esta guerra?* por Luis Palau.

humildad. ¡Que el Señor nos libre de tal orgullo y de sus consecuencias!

COMPASION

Porque amaba a su Padre, Jesús tenía pasión por hacer su voluntad y completar el trabajo encomendado (Jn. 4:34). Ninguna otra cosa importaba más. En términos prácticos, la pasión de Cristo por la voluntad de su Padre se traducía en compasión por las multitudes.[4]

Pastores y predicadores, ante todo conozcamos y amemos a Dios con todo el corazón, el alma, la mente y todas nuestras fuerzas. Luego entonces, canalicemos ese amor en pasión hacia los demás. Una pasión que, a través del Espíritu Santo, lleve a las ovejas perdidas al Buen Pastor, y una vez que estén seguras las pastoree y las ayude a madurar.

Pablo exclamó: *Hijitos míos, por quienes vuelvo a sufrir dolores de parto, hasta que Cristo sea formado en vosotros, quisiera estar con vosotros ahora mismo y cambiar de tono, pues estoy perplejo en cuanto a vosotros* (Gá. 4:19-20).

El corazón Pablo estaba lleno del amor de Dios. *Fuimos tiernos entre vosotros, como la nodriza que cuida con ternura a sus propios hijos. Tan grande es nuestro afecto por vosotros, que hubiéramos querido entregaros no sólo el evangelio de Dios, sino también nuestras propias vidas; porque habéis llegado a sernos muy queridos* (1 Ts. 2:7-8). Esa es la actitud que Dios honra en quien proclama su Palabra. No la dureza ni violencia de palabras, sino la ternura de corazón.

La mayoría somos conscientes de las limitaciones de nuestro amor. Y necesitamos muchísimo amor y devoción tanto para persuadir a otros a seguir a Cristo como para edificar a los creyentes en el conocimiento del Señor Jesús.

---

4. Al observar el sufrimiento y la confusión de los seres humanos, comprenderemos por qué el Señor Jesús los comparó a ovejas sin pastor (Mr. 6:34).

¿Cómo podemos obtener ese profundo amor y esa devoción? Por el amor de Cristo, que obra en nuestro interior (2 Co. 5:14).

Como predicadores, pidamos a Dios unción de lo alto a fin de tener la actitud de un padre y una madre que aman entrañablemente a sus hijos. Y entonces con esa unción y ternura, atraeremos a las almas a los pies del Hijo de Dios y las ayudaremos a madurar en la fe.

VALENTIA

Además necesitamos valentía y fuerzas. La cobardía y el temor no provienen de Dios, quien nos ha dado su Espíritu de poder, de amor, de templanza (2 Ti. 1:7).

Mostremos valentía, pero no la confundamos con imprudencia. El abuso verbal no equivale a valentía espiritual. Santa audacia e intrepidez deben ir de la mano del amor y del dominio propio. Los grandes predicadores del pasado fueron hombres y mujeres de santo denuedo y audacia. Se arriesgaban hasta las últimas consecuencias. Juan Calvino, por ejemplo, se enfrentó a toda la iglesia francesa. Martín Lutero se enfrentó con denuedo a la iglesia católico romana. El conde Zinzendorf tuvo la osadía de ir a las Indias Occidentales y enviar misioneros y evangelistas cuando en esa época no sucedían tales cosas.[5] Whitefield ministró por toda la región británica y asimismo en el continente americano —a pesar de las amenazas del ridículo y de la violencia por parte de la gente.[6]

Esos predicadores tuvieron santa audacia. Como ellos, aprendamos a lanzarnos en el nombre del Señor, asumiendo riesgos y aun enfrentando la muerte con valentía.

---

5. Zinderdorf (1700-1760) comenzó una organización con un programa misionero extranjero, y previamente había trabajado con gente perseguida de Bohemia y Moravia. Su lema fue: "Sólo una pasión: El y sólo El."
6. George Whitefield (1714-1770), predicador inglés asociado con los hermanos Wesley, hizo un trabajo exhaustivo en reuniones al aire libre y como evangelista itinerante.

A través de los años viví situaciones donde militantes de la guerrilla amenazaron asesinarme. Mi deseo inicial en ese momento fue subirme a un avión y regresar a casa, esperando que algún otro concluyera la tarea de predicación. Sin embargo, la actitud correcta es decirnos: "Soy un siervo del Señor. El no dudó en ofrecer su vida por los demás. La gente necesita ver en mí un líder valiente y un espíritu altruista. Debo continuar en el nombre de Jesucristo".

La santa audacia también nos insta a probar nuevos métodos. Tal vez usted esté preparado para utilizar una técnica que otros (la gente mayor, por ejemplo) cuestionarán. Sin embargo, trate de usar esa técnica en el nombre del Señor, con humildad, buscando consejo. Las cosas no tienen por qué hacerse siempre de la misma manera. Creo que cualquier método es válido en tanto sea ético y moral.[7]

UNIDAD CON LA IGLESIA

Dios desea que la iglesia funcione como un equipo, y que el predicador entregue el mensaje no como si proviniera de sí mismo sino con el apoyo y aprobación del Cuerpo del Señor. El predicador no está solo pues cuenta con la comunión, amor y oración de aquellos que le rodean.[8] Es una excelente idea que el pastor forme un grupo de apoyo dentro de la iglesia, o con otros pastores de la zona.

Pensando en la evangelización, por ejemplo, es una bendición tener una cruzada unida en una ciudad donde todo el cuerpo de Cristo trabaja en unidad como una sola cosa. Como equipo nuestra meta siempre ha sido la saturación de una ciudad a través del trabajo *con, para y a través* de la iglesia local. Las iglesias de cada lugar son nuestros mejores aliados

---

7. Por otra parte, el mensaje en sí es sagrado y nunca cambia.
8. Spurgeon manifestó: "Apenas habrá cosa imposible para un hombre que puede conservar una congregación unida por años enteros, y ser instrumento de su edificación durante centenares consecutivos de días consagrados al Señor."

en una cruzada. Como iglesia universal estamos llamados a cooperar en la evangelización del mundo. He viajado por muchos países y he experimentado gozo y bendición cuando la iglesia está unida. ¡Qué triste cuando diferencias denominacionales y pequeños problemas evitan que los cristianos aúnen fuerzas para realizar la tarea!

Debemos bregar por estrecha comunión y trabajo con nuestros hermanos en la fe porque ésa es la voluntad de Dios.[9] Los cristianos (y más aun los líderes cristianos) debemos no tan sólo aceptar la unidad como teoría teológica, sino además buscar esa unidad en forma práctica.

El trabajo en equipo (y más aún en la iglesia local) alienta y estimula el corazón. Para mí siempre ha sido un privilegio colaborar con los miembros de mi equipo en la multiplicación de los ministerios que el Señor nos ha dado. Este ministerio no sería tal sin el trabajo incansable de cada uno de mis compañeros.

Es un peligro, especialmente para los jóvenes predicadores, creer que tienen derecho a lanzarse solos y en forma independiente, sin apoyo de la iglesia. Todo joven que desea servir al Señor debiera trabajar en equipo, en humildad y para gloria de Dios. Pensemos en la experiencia de Jesús. Cuando se inició en el ministerio, ante todo reunió a los doce apóstoles. Eran su equipo.

El trabajo en equipo demuestra:

a. Que los cristianos nos amamos.

b. Que somos uno en el Señor. (Al trabajar en equipo estamos dando ejemplo del amor y la unidad que tenemos en Cristo).

c. Que podemos orar unos por otros.

d. Que podemos exhortarnos, edificarnos y estimularnos mutuamente.

---

9. Sal. 133; Jn. 17:20-23; Ef. 4:1-6.

VISION

Debemos ser cristianos de visión para poder impartir visión. Una gran visión da perspectiva y estabilidad. Quien ha volado en un aeroplano con una sola turbina, sabrá que se mueve de lado a lado ante cada pequeña turbulencia. Por otro lado, un avión "jumbo" es muy estable y apenas se sacude durante las tormentas. Las grandes alas me recuerdan lo que significa ser visionario. Cuando uno tiene gran visión, las alas de la vida se mueven pero el avión apenas oscila. Pero cuando la visión es pequeña, el aeroplano parece estar haciéndose pedazos con la turbulencia. La visión ayuda a atravesar las nubes y la tormenta sin ser sacudido ni sentirse tentado a abandonarlo todo.

Fue emocionante cuando el Señor Jesús dijo a sus discípulos: *Alzad vuestros ojos y mirad los campos, porque ya están blancos para la siega* (Jn. 4:35). Cristo nunca limitó la visión de sus discípulos. Aunque restringió su propio ministerio público a Palestina, vino y murió por toda la humanidad (1 Jn. 2:2). Después de su resurrección, encomendó a sus seguidores que hicieran discípulos en todas las naciones (Mt. 28:19), y los envió a Jerusalén y hasta lo último de la tierra (Hch. 1:8).

En el comienzo de la iglesia primitiva, Dios usó al apóstol Pablo de manera poderosa. Aun sus enemigos admitían que había saturado provincias enteras con el evangelio y que estaba impactando al mundo (Hch. 17:6). Pablo tenía visión y estrategia (Ro. 15:19) suficientemente grandes para alcanzar a todo el Imperio Romano y para brindarle estabilidad cuando las circunstancias se volvían difíciles.

En vez de malgastar tiempo discutiendo para ver quién es la estrella del show (tal como hicieron los discípulos en Marcos 9 y 10), impartamos visión y valentía para que otros se lancen al ministerio.

Al leer el diario, no nos concentremos tanto en los detalles políticos de cada suceso sino tratemos de ver la mano de Dios en los acontecimientos de las naciones. Miremos a las naciones con los ojos de Dios. Parte de nuestra responsabilidad como obreros en la viña del Señor es estar al tanto de las diferentes tendencias espirituales. Es probable que usted no haya sido llamado por Dios para predicar a nivel internacional sino a pastorear una iglesia local, pero al interesarse en el evangelismo mundial, su propio ministerio podrá encenderse con un propósito aun mayor. Esté informado sobre los eventos mundiales y sobre cómo el Espíritu Santo está trabajando a través de la iglesia en todas partes.

Por otra parte, al preparar mensajes, hagámoslo pensando en los oyentes. Pidamos al Señor visión para saber a dónde debemos apuntar específicamente en la predicación, y cómo debemos hacerlo.

Como predicadores que tomamos en serio nuestro servicio al Señor, pidámosle una visión mundial y una perspectiva histórico-bíblica.

URGENCIA

Prediquemos con sentido de urgencia. Por mi parte, como evangelista tengo un constante aumento en mi urgencia para predicar las buenas nuevas. El mismo Jesús transmitió a sus discípulos el sentido de que es urgente: *La mies es mucha...* (Mt. 9:37)

Pablo declaró: *Conociendo, pues, el temor del Señor, persuadimos a los hombres* (2 Co. 5:11). Ese es el objetivo de la predicación en general, la predicación expositiva y el evangelismo, y también es el deseo del corazón de Dios.[10] Pero no alcanzaremos esa meta sin sacrificio de nuestra parte.

---

10. Juan Calvino escribió sus *Institutos* como una apelación evangelística. En el prefacio confesó que su única intención era "instruir a aquellos que anhelaban ser hijos de Dios." Durante su vida revisó los *Institutos* cinco veces, a fin de obtener una más clara y convincente exposición de la fe. Era un teólogo motivado por un gran sentido de urgencia —compartir el evangelio con cada persona que encontraba.

¿No decís vosotros: Aún faltan cuatro meses para que llegue la siega? He aquí os digo: Alzad vuestros ojos y mirad los campos, porque ya están blancos para la siega. Y el que siega recibe salario, y recoge fruto para vida eterna, para que el que siembra se goce juntamente con el que siega. Porque en esto es verdadero el dicho: Uno es el que siembra, y otro es el que siega. Yo os he enviado a segar lo que vosotros no labrasteis; otros labraron, y vosotros habéis entrado en sus labores.

(Jn. 4:35-38)

Jesús aprovecha lo que acaba de ocurrir con la mujer samaritana para implementar una lección válida a través de los siglos, y se vale de lo cotidiano: la visión de los campos listos para la cosecha. A nuestro alrededor hay millones que están listos para ser cosechados espiritualmente. Alguien debe ofrecerles el mensaje que puede transformarlos, y luego, el mensaje de edificación que los haga crecer en su fe.

A menudo comento acerca de lo mucho que quisiera vivir hasta los 92 años, como Jorge Müller. Si así fuera, aún tengo mucho tiempo para seguir predicando el evangelio. Pero al margen de cuánto más vivamos, se acerca la noche, cuando nadie puede trabajar (Jn. 9:4), por lo tanto debemos hacer la labor ya.

Aunque me encantaría vivir hasta los 92, podría estar muerto en tres años, tres meses o tres días. No somos dueños del mañana. Podemos hacer planes como si fuéramos a trabajar 40 años más, pero de la misma manera debemos trabajar como si hoy fuera nuestro último día sobre la tierra.

4. EL ESTILO DEL PREDICADOR

Quiero mencionar varias características que considero indispensables para el predicador.

1. ***Personal en su mensaje***

Durante las varias décadas en que he predicado la Palabra de Dios, he aprendido que la mejor manera de que la gente escuche es predicar en forma personal e íntima, como si estuviera hablándole a una sola persona. Sea que esté predicando a tres personas o a trescientas, el mensaje es para cada individuo en particular.[1]

2. ***Lleno del fuego de Dios***

En Lucas 24 se relata la historia de los discípulos de Emaús. Mientras caminaban es probable que estuvieran física y emocionalmente exhaustos. Jesús se acercó y comenzó a caminar con ellos y a hablarles. Los hombres no sabían quién era este viajero, pero su misma presencia pareció reavivar sus espíritus cansados. Recién cuando se sentaron a comer

1. Por lo general desde el púlpito elijo a 2 ó 3 personas y predico mirándolas en forma especial. Aunque miro a todos, el centrar mi atención en unos pocos hace que mi forma de hablar sea más personal.

reconocieron a Jesús, quien instantáneamente se desapareció de su vista mientras los discípulos decían: *¿No ardía nuestro corazón en nosotros, mientras nos hablaba en el camino, y cuando nos abría las Escrituras?* (Lc. 24:32).

Sus corazones ardían como resultado de un encuentro vital con el Cristo viviente. Por nuestra parte, a través del Espíritu Santo podemos tener esa experiencia con Cristo de manera constante. Y como en aquellos discípulos, el fuego de su Espíritu puede producir en nosotros un corazón que no se apague.

Eliminemos la apatía y la pasividad de nuestra vida, y cultivemos la pasión por el Señor Jesucristo, las multitudes perdidas y la edificación del pueblo de Dios.

Como predicadores mostremos entusiasmo y energía, sinceridad y fuego. Exclama el profeta: *¡Oh, si rompieses los cielos, y descendieras, y a tu presencia se escurriesen los montes, como fuego abrasador de fundiciones, fuego que hace hervir las aguas, para que hicieras notorio tu nombre a tus enemigos, y las naciones temblasen a tu presencia! (Is. 64:1-2).* Y Jeremías confiesa: *Había en mi corazón como un fuego ardiente metido en mis huesos; traté de sufrirlo, y no pude (20:9).* Son poderosas palabras que hablan de la pasión de un hombre que está lleno del mensaje de Cristo.

3. *Positivo al hablar*[2]

Uno de mis maestros espirituales me enseñó a predicar mensajes con declaraciones en su mayoría positivas y terminantes, aunque transmitidas con humildad. Quien predica un mensaje expositivo no está argumentando, discutiendo ni filosofando. *Porque la vida fue manifestada, y la hemos visto, y testificamos, y os anunciamos la vida eterna, la cual estaba con el Padre, y se nos manifestó; lo que hemos visto y oído,*

---

2. Ver también subpunto "Sea positivo y edificante" en el cap. "Cómo predicar un sermón".

eso os anunciamos... (1 Jn. 1:2-3). Tal es la clase de expresión positiva que debe usar quien proclama las buenas nuevas de vida eterna y predica la Palabra.[3]

4. *Uso de ademanes*

Los ademanes y movimientos físicos son parte integral del proceso de comunicación eficaz. Esta no es meramente verbal ni espiritual sino también física ya que comunicamos tanto con la voz como con los gestos. Los ademanes deben ser naturales. El predicador no debe mantenerse rígido todo el tiempo, hablando como un autómata. Pero tampoco es natural que los ademanes adquieran excesivo dramatismo, de manera de quitar la atención del mensaje y trasladarla a la "gimnasia" del predicador.

Otras sugerencias prácticas: (1) Predicar frente a un espejo y analizarse con ojo crítico; (2) grabar los sermones en video, y luego evaluar si el uso de ademanes ayuda a comunicar el mensaje; (3) observar a los mejores predicadores de la zona y cómo se valen de gestos y ademanes en sus mensajes.

5. *Buen sentido del humor*

El humor es parte de la vida diaria, de manera que lo ideal es incorporarlo a la predicación. Sin embargo, evite el extremo de convertirse en un payaso. Use sabiamente el humor y demuestre que el cristiano sabe gozar de la vida. Cuando uno utiliza humor sano, el oyente enseguida se relaja y se halla más dispuesto a escuchar el mensaje.

Como predicador, el evangelista Moody era un caso fascinante. El Dr. Scofield dijo sobre él: "Entre sus dones naturales estaba el humor, siempre refinado, y un gran poder de

---

3. Pr. 25:25; Nah. 1:15a; Lc. 1:19; 2:10; 8:1.

descripción debido a su imaginación. Pocos hombres le han igualado en su habilidad de pintar un incidente bíblico ante una congregación: Los hacía vivir y tenía la soberana gracia de la brevedad. Sabía cuándo parar".

6. *Buen estado físico*

El buen estado físico juega un papel esencial. Pablo expresa: *Porque os acordáis, hermanos, de nuestro trabajo y fatiga; cómo trabajando de noche y de día, para no ser gravosos a ninguno de vosotros, os predicamos el evangelio de Dios* (1 Ts. 2:9). Sumado a su trabajo en el ministerio Pablo trabajaba físicamente, y así se mantenía en buen estado.[4]

El ejercicio regular —especialmente el aeróbico— ayudará a que estemos más alertas durante el día y a la hora de estudiar, contribuirá a que tengamos más energía en forma cotidiana y en el púlpito, y jugará una parte importante en nuestro bienestar integral.[5]

---

4. Hasta el mismo Spurgeon en su tiempo hablaba de la importancia del ejercicio, aunque en la cita que sigue lo restringe a cierto tipo de predicadores: "A los hombres de pecho angosto se les aconseja que hagan uso todos los días por la mañana, de los aparatos gimnásticos provistos por el colegio. Necesitáis pechos bien desarrollados, y debéis hacer todo lo posible por adquirirlos."
5. Además, quienes caminan, hacen trote o corren disfrutan de un excelente tiempo para orar y estar a solas con Dios.

5. *LA PERSONA DEL PREDICADOR*

¿Qué tipo de persona ha de ser el predicador a fin de que Dios lo use con poder?

> *Porque nuestra exhortación no procedió de error ni de impureza, ni fue por engaño, sino que según fuimos aprobados por Dios para que se nos confiase el evangelio, así hablamos; no como para agradar a los hombres, sino a Dios, que prueba nuestros corazones. Porque nunca usamos de palabras lisonjeras, como sabéis, ni encubrimos avaricia; Dios es testigo; ni buscamos gloria de los hombres; ni de nosotros, ni de otros, aunque podíamos seros carga como apóstoles de Cristo. Antes fuimos tiernos entre vosotros, como la nodriza que cuida con ternura a sus propios hijos. Tan grande es nuestro afecto por vosotros, que hubiéramos querido entregaros no sólo el evangelio de Dios, sino también nuestras propias vidas; porque habéis llegado a sernos muy queridos.*
>
> (1 Ts. 2:3-8)

A. **UNCION DEL ESPIRITU** —aplicada a la predicación

Muchos de los predicadores y comunicadores que Dios utiliza son gente común. (Personas comunes han hablado naturalmente, por fe, y Dios las ha usado de manera poderosa.) Incluso conozco a predicadores que provienen de hogares muy humildes y carecen de preparación teológica, pero Dios los está utilizando en gran manera. Son cristianos que en forma constante se valen del poder del Espíritu Santo.

Como cristiano, el predicador ha sido investido y ungido con el poder del Espíritu de Dios (Hch.1:8).[1] Cuando el Espíritu Santo tiene todo lo que debe tener de un predicador, éste tendrá todo lo que debe tener del Espíritu Santo. Su conducta será pura; su testimonio será persistente; su visión perseverará y aun aumentará con los años. Como resultado, el predicador tendrá tanto un corazón como un mensaje ardiente, elementos imprescindibles para que el mundo se encienda en fuego por Jesucristo.

El poder del Espíritu Santo jamás debe confundirse ni sustituirse con el poder de persuasión. Sólo Dios puede dar el don y ungir al creyente para el ministerio —ya sea como pastor, maestro, profeta, evangelista, predicador, etc.

Toda la energía física y mental combinada con todas las palabras ocurrentes y persuasivas imaginables, no pueden fabricar el poder del Espíritu, que otorga autoridad al mensaje.

¿Cómo usamos cada hora que Dios nos da? ¿Estamos sirviendo al Señor con poder de lo alto? ¿O acaso tratamos de predicar la Palabra de Dios con nuestras propias fuerzas, sin pasar tiempo en la presencia de Dios, sin confesar nuestros pecados, sin la plena comunión que Dios desea tener con nosotros?

El apóstol Pablo declara que debemos elegir entre vivir en el Espíritu o en la carne, entre confiar en nuestros propios y limitados medios o en la inagotable fuente del Espíritu (2 Co. 3:1-4). Además Pablo afirma que hay dos maneras de recomendarnos en el ministerio. O bien tenemos aprobación escrita por mano de hombres, o bien contamos con la

---

1. El Espíritu Santo actúa a través de nosotros y nos convertimos en boca del Señor (Jer. 15:19). Como resultado, hay poder e impacto en lo que decimos. El que oye quizás no sepa con seguridad qué ocurre, pero percibe que algo le está hablando a un nivel más profundo. Dios está usando mis palabras para hablar a la otra persona o para hacer algo en su vida.

aprobación del Espíritu. Nuestras vidas ponen de manifiesto qué clase de aprobación tenemos.

B. VIDA CONTROLADA POR CRISTO —implicaciones para un predicador.

Como predicadores, vivamos controlados por Cristo y gozosos en ese control. Es difícil que si estamos amargados, ansiosos, angustiados, aburridos o envidiosos podamos transmitir con claridad el mensaje de Dios. Jesús declaró: Si alguno tiene sed, venga a mí y beba. El que cree en mí, como dice la Escritura, de su interior correrán ríos de agua viva (Jn. 7:37-38). El secreto está en tener sed de Dios y saciar nuestra sed creyendo en Cristo y permaneciendo en El. Es así que habrá impacto en lo que decimos, habrá poder en nuestra vida y en nuestro hablar —sea que estemos predicando, enseñando un estudio bíblico, aconsejando, o simplemente tomando parte en una conversación cotidiana.

Es una bendición oír a un mensajero de Dios de cuyo interior corren ríos de agua viva. Conozco a predicadores que tienen facilidad de palabras pero a quienes parece faltarles algo. Es inadmisible que vivamos a nuestro antojo, incluso en pecado, y que cinco minutos antes de predicar el mensaje confesemos: "Dios, perdóname, lávame, lléname del Espíritu Santo porque ahora tengo que hablar en tu nombre". Con Dios no podemos jugar. Vivamos controlados por Cristo siempre, aunque no estemos predicando. En consecuencia, cuando llegue el momento de entregar el mensaje habrá poder, no nuestro sino de Cristo que vive en nosotros.

Existe el peligro de predicar un hermoso sermón, y a la vez un mensaje que no provenga de Dios. El sermón puede entregarlo cualquiera que tenga un poco de imaginación; un verdadero mensaje sólo se consigue pasando tiempo ante Dios, humillándose ante El y pidiéndole su guía.

Un sencillo predicador totalmente rendido a Dios —como lo fue Moody, por ejemplo— por lo general produce repercusiones de alcance creciente y multiplicado (aunque él no pueda ver esos alcances). Hombres acaudalados y de vasta cultura recibieron grandes lecciones espirituales a través de la vida de Moody. Sabían que era humilde, sincero y que dependía de Dios, no de sí mismo.

El principio *no ya yo sino Cristo en mí* (Gal. 2:20) es la base y el fundamento no sólo de una predicación poderosa, sino además de un ministerio fructífero y una vida que honra al Señor.

C. VIDA DE ORACION

Spurgeon exhortaba a sus estudiantes: "Hermanos, permitidme que os ruegue que seáis hombres de oración."

Cada uno de los grandes predicadores del pasado supo lo crucial que es la oración, y fueron cristianos de oración intercesora, poderosa y persistente. Lutero solía levantarse a las 4 de la mañana para orar, y declaró: "De la misma manera que la tarea del sastre es hacer ropa y la del zapatero es remendar zapatos, la tarea del cristiano es la oración." El mejor estudio del mensaje comienza y termina con oración. "Haber orado bien es haber estudiado bien," solía decir el reformador.[2] El secreto de la revolucionaria vida de Lutero fue su compromiso a pasar tiempo a solas con Dios cada día.[3]

El evangelista Carlos Finney decía: "Mi alma estaba ejercitada a fondo sobre el tema de la oración y la santidad personal. Me entregué a mucha oración. Me levantaba a las 4 de la mañana para orar, y lo hacía hasta las 8. Sobre mis rodillas pasé largas horas considerando el asunto de la santidad, y le rendí todo a Dios." Y en otra ocasión añadió: "La

---

2. Según Spurgeon, la oración es doblemente bendita: bendice al predicador que ruega, y al pueblo a que predica.
3. Hablando de él, comenta Teodoro: "Le escuché cuando estaba en oración; pero ¡Dios mío! con qué animación y espíritu lo hacía! Oraba con tanta reverencia como si le estuviera hablando a Dios; y con tanta confianza, como si estuviera hablando con su amigo."

oración prevaleciente o eficaz es aquella que obtiene la bendición que busca."

Por otra parte, Finney tenía un compañero de oración, el padre Nash, que viajaba con él. El padre Nash no predicaba, y la mayoría desconocía que estuviera con Finney. A menudo se quedaba en el bosque orando mañana, tarde y noche. Oraba por Finney, por cada reunión, por la obra del Espíritu Santo de Dios. ¡Qué gozo tener un compañero de equipo tan dedicado a la oración!

Moody siempre instaba al pueblo de Dios a orar. Una vez dijo: "Debemos ver el rostro de Dios cada mañana antes de ver el rostro de los hombres. Si tienes demasiadas cosas que hacer que no te queda tiempo para orar, créeme, tienes más cosas de las que Dios desea que tengas."

Spurgeon además manifestó: "El predicador se distingue por supuesto sobre todos los demás como hombre de oración. Ora como un cristiano común, de lo contrario sería un hipócrita. Ora más que los cristianos comunes, de lo contrario estaría incapacitado para el desempeño de la tarea que ha emprendido."

D. VIDA FRAGANTE

Cuando Cristo es el centro de nuestro vivir, manifiesta su fragancia a nuestro alrededor. Por lo tanto, el predicador que vive una vida de victoria y éxito, lleva la fragancia de Cristo a otras personas. El mismo apóstol Pablo llevaba ese aroma, y dondequiera que iba tenía influencia sobre la gente e inundaba el ambiente a su alrededor.

Pablo describe el perfume de Cristo y su resultado:

Por medio de nosotros manifiesta en todo lugar el olor de su conocimiento. Porque para Dios somos grato olor de Cristo entre los que se salvan, y entre los que se pierden; para unos, olor de muerte para muerte; para otros olor de vida para vida.

(2 Co.2:14-16)

Cuando pienso en la fragancia de Cristo, me imagino en un ascensor con una persona que evidentemente se ha puesto perfume. Al instante todos notan a esa persona, y el aroma aún persiste cuando se va. Así debe suceder con el cristiano: la presencia divina en su vida es un elemento dinámico que otros perciben y no olvidan con facilidad.

La fragancia de Cristo no es algo que podamos fabricar u obtener por medio de la educación; es obra de Dios. Cuando nuestro andar está conforme a la voluntad divina, el perfume de Jesucristo nos envuelve y se manifiesta a otros. El Señor entonces nos ha de usar para su gloria a fin de manifestar al mundo su delicada fragancia.

Cierta vez estábamos comiendo en un restaurante con miembros de mi equipo evangelístico. En una mesa cercana a la nuestra había varias parejas. Un hombre llegó más tarde que los demás, y antes de sentarse saludó efusivamente a los otros. Yo me dije, "Esas personas en verdad se aman fraternalmente. Seguro que son cristianas." Cuando sirvieron la comida, inclinaron sus rostros y dieron gracias en oración. Más tarde hablamos con ellos, y supimos que por cierto eran cristianos. Pero aun antes de verles orar o incluso hablar con ellos, yo había sido bendecido al verles hablar y reír juntos. Mientras disfrutaban de la mutua compañía, la fragancia de Cristo se manifestaba. Y no era algo que hicieran en forma consciente. Se comportaban de modo natural, pero el perfume de Cristo fluía a su alrededor.

E. PACIENCIA ANTE LAS CRITICAS

Desde el más pequeño hasta el más grande, pastores, líderes, evangelistas, maestros de la Biblia, todos han sido criticados, atacados o hasta perseguidos. No nos sorprendamos ya que *todos los que quieren vivir piadosamente en Cristo Jesús padecerán persecución* (2 Ti. 3:12).

Algunos cristianos creen que si están caminando con Dios todo el mundo los aplaudirá y tendrá buen concepto de ellos. Por lo general ocurre lo contrario. Recordemos la advertencia del Señor Jesús: *¡Ay de vosotros, cuando todos los hombres hablen bien de vosotros!* (Lc. 6:26). Claro que es agradable cuando los demás hablan bien de nosotros. Yo lo prefiero a la crítica. Sin embargo, si cuando compartimos el mensaje del evangelio ciertas personas comienzan a molestarse por lo que representamos y predicamos, es un signo de que estamos haciendo las cosas bien.

Juan Calvino se vio a sí mismo como "sólo un humilde evangelista de nuestro Señor Jesucristo", pero sabía lo que era enfrentar la crítica y los ataques. Martín Lutero se encontró con intensa persecución, y aun así en las palabras de su himno "Castillo fuerte es nuestro Dios" advertimos victoria, no derrota. Aunque estaba escapando de quienes trataban de matarlo, Lutero declaró que vencería al demonio, y hoy lo honramos por ello.

El predicador y pastor británico Carlos Spurgeon fundó una gran iglesia en Londres, y sufrió el ridículo, los insultos y las burlas.

El mismo Billy Graham ha tenido que enfrentar momentos en que la gente lo insultó y quiso acabar con él. Sin embargo, siempre ha perseverado con fidelidad y ha sido y es un gran hombre de Dios. ¡Qué maravilla su ejemplo de integridad y justicia en esta generación!

F. AMOR POR LAS ALMAS

El apóstol manifiesta: *Tan grande es nuestro afecto por vosotros, que hubiéramos querido entregaros no sólo el evangelio de Dios, sino también nuestras propias vidas* (1 Ts. 2:8). Pero aunque hagamos propias esas palabras, serán huecas si nuestra vida no está entregada a los oyentes.

Recuerdo que cuando era muchacho, durante mi viaje al seminario donde estudiaría en los Estados Unidos de América, conocí a un diplomático de la India, cristiano, y quise averiguar cuál era el mejor método para acercarse a los presidentes y altos funcionarios.

—¿Qué estrategia usa usted para llegar a ellos? —le pregunté.

Me rodeó con su brazo y sonrió: —No hay métodos. Lo único que hay que hacer es amarlos.

Al principio creí que me estaba tomando el pelo y no quería compartir su secreto. Con el tiempo comprendí que ése fue uno de los consejos más sabios.

La Escritura declara que cuando Jesús vio a las multitudes *tuvo compasión de ellas, porque estaban desamparadas y dispersas como ovejas que no tienen pastor* (Mt. 9:36). Pidamos a Dios que mueva nuestros corazones con la misma compasión que tiene El.

Lutero, Calvino, Finney, Moody, Spurgeon, Corrie ten Boom, Wesley, Whitefield, Zinzendorf, Zwingli y otros grandes predicadores del pasado tenían pasión por las almas. Spurgeon declaró: "Hermanos, si el Señor no os da celo por las almas, dedicaos a cualquier cosa que no sea el púlpito."

R. A. Torrey solía decir que hay tres cosas necesarias para tener pasión por las almas:[4] (1) debemos saber lo que dice la Biblia en cuanto al estado presente y destino futuro de quienes están sin Cristo; (2) debemos creer que lo que dice la Biblia es verdad; (3) debemos orar para que en vista de ello el Señor encienda nuestro corazón con amor por las almas a fin de que hagamos algo.

Conocí a la misionera holandesa Corrie ten Boom durante un congreso mundial de evangelización. Ella ya era anciana, estaba impedida físicamente, y no podía levantarse, de manera que me arrodillé a su lado y le escuché decir: "Amo a mi Jesús". Ese amor la llevó a proclamar a Jesucristo en más de 60 países y a guiar a muchos millares a la fe en el Señor Jesús.[5]

---

4. En este caso se refiere a las almas de los no cristianos.
5. Corrie ten Boom, autora de "El refugio secreto", pasó largo tiempo en campos de concentraciones durante la Segunda Guerra Mundial; y luego se dedicó a la obra misionera, empezando por su Holanda natal.

Carlos Finney era un predicador muy emotivo. Lloraba al pensar en sus amigos perdidos sin Cristo. Al principio sus emociones eran tan evidentes que algunos se preguntaban si era sincero o si sería un truco. Sin llegar a ese extremo, necesariamente, recordemos que los oyentes son candidatos a la vida eterna y a una vida de victoria en Cristo. Mostremos amor y compasión divina al hablarles.

G. SINCERIDAD[6]

El predicador debe actuar con sinceridad para con la Palabra de Dios, o sea que ha de leerla y estudiarla con corazón abierto, sin máscaras. Ha de proclamar la verdad divina con sinceridad (2 Co.2:17) y transparencia, no adulterando la Escritura ni intentando usarla para sus propios fines (2 Co.4:2).

La sinceridad también habrá de mostrarse ante los oyentes. Algunos creen que desde el púlpito uno debiera ocultar las debilidades o problemas internos. Muchos predicadores hablan y actúan como si ellos no tuvieran fracasos ni tropiezos. No aparentemos ser más santos que los oyentes ya que no lo somos. Estemos dispuestos a confesar nuestras faltas y a compartir de qué manera Dios, por medio de la Escritura, nos ayuda a vencer fracasos y tropiezos.

Las palabras de 1 Jn.1:7 no tienen que ver únicamente con nuestra relación con Dios y nuestros pecados, sino también con la relación entre nosotros. Para que haya contacto y comunión con los oyentes, es necesario que el predicador camine en la luz del Señor. No quiere decir que sea perfecto sino que descubrirá sus imperfecciones y hablará verdad.

Jacob, por ejemplo, es el antitipo de una persona íntegra. Tenía un gran futuro ante él, Dios lo había elegido para una

6. Del gr. EILIKRINEIA, de EILE (luz del sol) y KRINO (juzgar, examinar). Se refiere a lo que es hallado puro al ser examinado por la luz del sol. Habla de pureza y candidez.

misión especialísima, pero no quiso esperar que el Señor cumpliera su promesa y trató de llegar a un acuerdo: seguridad y prosperidad a cambio de su diezmo. ¿Esperaba, tal vez, que Dios le siguiera el juego? Antes de condenar a Jacob tengamos en cuenta que podemos asemejarnos. Cuando nos sorprenden violando una promesa o siendo pobres mayordomos de nuestro ministerio, ¿acaso por lo general no tratamos de llegar a acuerdos con Dios nosotros también?

En contraste, José es un ejemplo y modelo de integridad. Aunque era hijo del engañoso Jacob, caminó en sinceridad y honestidad ante Dios y los hombres. A veces eso le costó caro, pero caminó en la luz de Dios y no se desanimó.

H. SER EJEMPLO

Como predicadores cristianos, seamos ejemplo en palabras, conducta, amor, espíritu, fe y pureza (1 Ti. 4:11-12). Seremos ejemplo cuando nuestro carácter refleje las armas espirituales que Dios nos ha dado: la santidad y el poder del Espíritu Santo.

I. PERSEVERANCIA

Es crucial comenzar el trabajo, pero igualmente crucial es acabarlo. He conocido a muchos que empezaron con un grito de triunfo y terminaron con un suspiro de fracaso. ¿Por qué? Oposición quizás, o tal vez planes preconcebidos que nunca funcionaron. Cualquiera haya sido la razón —y podría haber miles— miraron hacia atrás, abandonaron.

El Señor Jesucristo resucitado nos exhorta: *Sé fiel hasta la muerte, y yo te daré la corona de la vida* (Ap. 2:10). Los mayordomos han de ser fieles a la visión y al llamado de obediencia.[7] Cuando yo era un niño en edad escolar, tenía un cuaderno de autógrafos. Cuando cantantes u oradores venían

---

7. Ver Col. 4:7.

a nuestra escuela, les pedía que firmaran mi cuaderno. Una misionera optó por dibujar algo que atesoro hasta hoy. Era el dibujo de una casa con un sendero. Afuera estaba oscuro, pero desde la ventana de la casa una lámpara brillaba e iluminaba el camino, debajo del cual escribió: "Deja que tu luz brille delante de los hombres para que ellos vean tus buenas obras y glorifiquen a tu Padre".[8] Aunque yo era un niño, fueron palabras de Dios que nunca olvidé, y hasta hoy me emociona recordarlo. A través de los años me ayudaron a mantenerme fiel al llamado de Dios.

Alguien más firmó mi cuaderno de autógrafos con una paráfrasis de Lucas 9:62, *Has puesto tu mano en el arado; nunca mires hacia atrás.* El Espíritu Santo me recuerda: "Tu mano está en el arado; no mires hacia atrás, Palau, porque si lo haces no eres digno del reino de los cielos."

Si hemos de acabar el trabajo encomendado, las brasas del Espíritu Santo en nuestra vida deben reavivarse continuamente.[9] Al hacerlo, el fuego arderá de tal manera que los demás verán nuestras obras y darán toda la gloria a Dios.

---

8. Paráfrasis de Mt. 5:16.
9. Ver libro *¿Quién ganará esta guerra?*, por Luis Palau.

6. *EL PREDICADOR Y SU RELACION CON DIOS*

Spurgeon afirmaba que el poder del sermón depende de lo que antecede al sermón, y animaba a preparar el mensaje en íntima comunión con Dios y verdadera santidad de carácter. Podré ser un brillante predicador, pero si mi vida no muestra los frutos del Espíritu Santo y no camino en santidad, resulta incongruente con el llamado de un Dios Santo. Si la vida no concuerda con la predicación, entonces la doctrina y la Palabra de Dios serán deshonradas.

El llamado de Dios es: *Seguid la paz con todos, y la santidad, sin la cual nadie verá al Señor* (He. 12:14).

Estamos en un lugar visible y muchos cristianos nos ven como modelos. Además, somos blanco predilecto del enemigo. Satanás sabe que si logra tumbar a un predicador habrá deshonrado en grado superlativo el nombre del Señor.[1]

Recordemos también que *Jehová tu Dios anda en medio de tu campamento para librarte y para entregar a tus enemigos delante de ti; por tanto, tu campamento ha de ser santo, para que él no vea en ti cosa inmunda, y se vuelva de en pos de ti* (Dt. 23:14). Como líderes en el cuerpo de Cristo, el Señor nos exhorta a no permitir nada indecente en el campamento.

---

1. Si el predicador cree que ciertos pecados nunca podrán alcanzarlo, está por resbalarse con una cáscara de banana espiritual (1 Co. 10:12).

Por un lado, entonces, ***servimos a un Dios santo.*** Apocalipsis 4:8 nos dice que en el cielo *no cesaban día y noche de decir: santo, santo, santo es el Señor Dios Todopoderoso.* La virgen María exclamó: *Santo es su nombre* (Lc. 1:49). El salmista manifestó: *Tus testimonios son muy firmes; la santidad conviene a tu casa, oh Jehová* (Sal. 93:5).

Los cristianos somos "templo de Dios" (1 Co. 3:16). No merecemos sino el infierno, y sin embargo, por la misericordia divina tenemos perdón, vida eterna y a un Dios santo viviendo en nuestro ser.

Por otro lado, ***predicamos un evangelio santo.*** La Palabra de Dios dice que el evangelio es "su santo pacto", "el santo mandamiento", "vuestra santísima fe" (Lc. 1:72; 2 P. 2:21; Jud. 20). Este mensaje que proclamamos tiene que ver con el corazón del Dios Todopoderoso; revela los horrores de la depravación humana, su juicio y la necesidad de arrepentimiento. Pero por sobre todas las cosas, revela el amor de Dios, la muerte de su glorioso Hijo y nuestra redención. El evangelio ofrece perdón, regeneración, adopción, vida eterna, santificación, resurrección de entre los muertos y la seguridad del cielo mismo. Por cierto que es un santo evangelio.

Por consiguiente, ***somos llamados a ser santos.*** La pureza en la vida diaria debe ser la única respuesta obediente a tan maravillosa gracia divina. El apóstol recordó a Timoteo que *Dios nos llamó con llamamiento santo* (2 Ti. 1:9). Pedro exhorta: *Como hijos obedientes, no os conforméis a los deseos que antes teníais estando en vuestra ignorancia; sino, como aquel que os llamó es santo, sed también vosotros santos en toda vuestra manera de vivir* (1 P. 14-15).

Santidad es caminar en la luz, ser transparente ante Dios y ante otros. La santidad es ser conformados al carácter de Dios. Según el escritor C.H. Mackintosh "Ser santo es ser como Jesús." La meta de nuestra santificación es ser hechos *conforme a la imagen de su Hijo* (Ro. 8:29).

Como predicadores llamados por Dios, ¿mostramos diariamente el santo carácter del Señor Jesús? Aquellos que están a nuestro alrededor, ¿pueden decir de nosotros "es como el Jesús que predica"?

Un pastor amigo mío declara: "Si usted cree que el pecado es divertido, debiera probar la santidad." Por cierto que es mucho más emocionante.

El gran predicador inglés Juan Wesley enfatizaba la santidad de vida.[2] Para él no era una mera doctrina ni un modo de vivir sino que era el único camino a la madurez y la estabilidad cristiana.

Seamos siervos útiles y eficaces, viviendo día tras día con corazones transparentes. Acabemos con cualquier sombra de pecado en nuestra alma, leamos las Escrituras y oremos sin cesar para no endurecernos ni volvernos insensibles a la santidad de Dios. El quiere que a cada paso caminemos en su ley; anhela que tomemos decisiones correctas que nos conduzcan a una vida santa. Una vida santa es una vida de poder, y en una vida de poder hay servicio eficaz, comunicación eficaz y fruto que permanece.

A. SANTIDAD EN CADA AREA DE LA VIDA

La santidad debe tocar cada área de la vida del predicador. Y ya que como predicador me dirijo a predicadores, pastores y líderes, quiero considerar ciertas áreas en que somos especialmente vulnerables. El filántropo británico Wilberforce expresó: "No existen caminos cortos para llegar a la santidad. Debe ser la ocupación de toda nuestra vida y de todo nuestro ser, espíritu, alma y cuerpo."[3]

1. *Santidad de espíritu.*

No debe haber nubes en mi espíritu, es decir pecados sin confesar, sino que debo vivir con una conciencia transparente.

---

2. Así también lo hicieron Pablo (1 Ts. 4 y 5) y Pedro (1 P. 1).
3. Wilberforce (1759-1833) fue un político inglés que durante 45 años atacó y luchó contra el tráfico de esclavos en su puesto en el Parlamento.

Aunque la meta es la perfección (1 P. 1:16) y sabemos que aquí en la tierra no la conseguiremos, nuestro propósito es ser santificados y ser santos en nuestro espíritu. Además, la gloria de Dios ha de ser el deseo más profundo de mi ser interior.

2. *Santidad de alma.*

(a) *Arrogancia y espíritu competitivo.* Cuidémonos de convertirnos en predicadores y obreros en quienes no se puede confiar, rompiendo promesas, comportándonos como estrellas, creyéndonos superiores, teniendo en menos a quienes no están de acuerdo con nuestras ideas. Son pecados graves que entristecen al Espíritu Santo y ofenden a nuestros colaboradores. Además, está el peligro de un espíritu competitivo, en especial con respecto a otros colegas en el ministerio. Ese espíritu crítico y destructivo de parte del obrero cristiano puede ser su eclipse y la causa de su posterior caída.

(b) *Envidia.* Puede surgir un espíritu de menosprecio hacia predicadores y obreros más jóvenes que están experimentando resultados en su ministerio y de quienes tememos puedan sobrepasarnos. Resulta bochornoso confesar que tales pensamientos cruzan nuestra mente, pero es así. *Mira bien, no sea que alguno deje de alcanzar la gracia de Dios; que brotando alguna raíz de amargura, os estorbe* (He. 12:15).

(c) *Mal uso del dinero.* ¡Gloria a Dios por el dinero que poseemos porque lo necesitamos para vivir y la iglesia lo necesita para poder ministrar! Pero que con sinceridad podamos decir: *Vosotros sois testigos, y Dios también, de cuán santa, justa e irreprensiblemente nos comportamos con vosotros los creyentes* (1 Ts. 2:10). Seamos cristianos con buena reputación para dirigir nuestras finanzas, a fin de que el enemigo no pueda blasfemar a Jesucristo. Actuemos honestamente, *no defraudando, sino mostrándose fieles en todo, para que en todo adornes la doctrina de Dios* (Tit. 2:10). Mi repetida oración a Dios es que me ayude a ser generoso de manera continua.

3. *Santidad de cuerpo.*

Sin temor a contradicciones diré que el pecado sexual, más que cualquier otro pecado, es lo que más deshonor ha traído al nombre de Jesús. Ha producido dolor al cuerpo de Cristo, tropiezo a los nuevos cristianos y burla del mundo.

No nos creamos exentos de la tentación. El escritor C. S. Lewis declara en su libro *Cartas a un diablo novato:* "Ningún hombre sabe cuán malo es hasta que trata de ser bueno. Hay por allí una idea ridícula de que la gente no sabe lo que es la tentación".

(a) *El sexo y el hombre interior.* Somos parte de una cultura en la que resulta fácil contaminarse y hasta considerar correcto el mal uso del sexo. *Guarda tu corazón,* dice el Señor (Pr. 4:23). Todos somos tentados, y la clave del éxito está en guardar nuestro corazón.[4] Cuidémonos de no fantasear ni soñar despiertos cuando la mente está ociosa. Rechacemos de plano la pornografía —ya sea escrita, en películas, en videocassettes o en la pantalla de la mente. En forma sutil uno puede autoconvencerse de que nada de malo hay en ello.

Por otro lado, el primer paso es admitir que pastores y líderes somos tentados como cualquier otro cristiano. Los principios que Dios ha dejado para nuestra protección deben implantarse en nuestra alma, ser creídos, aceptados y reafirmados. Estudie Mal. 2:13-16; 1 Ts. 4:1-8 y haga de la historia de José un modelo (Gén. 39), ya que hay ocasiones en que la mejor defensa es huir. El tenía principios divinos arraigados muy dentro de sí, y de esa manera pudo enfrentar, resistir y huir triunfalmente de la situación crítica.

Si permitimos que nuestros deseos nos lleven a la inmoralidad sexual, tarde o temprano la mano de Dios será quitada de nuestro servicio para El y traeremos deshonra a su nombre. Sansón perdió el poder y la fuerza, *pero él no sabía*

---

4. El corazón es todo lo secreto e interno, la mente, las emociones, los pensamientos, la conciencia.

que Jehová ya se había apartado de él (Jue. 16:20). Billy Graham afirma: "Si Dios quita su mano de mi vida, mis labios se convertirán en barro."

Recordemos que *al que mucho se le haya confiado, más se le pedirá* (Lc.12:48). A los obreros cristianos y a los predicadores se nos ha dado mucho, por lo tanto mayor responsabilidad tenemos y mayor juicio caerá sobre nosotros.

(b) *El predicador y su cónyuge.* El amor conyugal y una profunda relación de amor con la esposa son vitales. La Biblia enseña que debemos brindar placer a nuestra esposa o esposo (1 Corintios 7; Cantar de los Cantares). En nuestro anhelo de ser santos y "más espirituales", no queramos abstenernos de placer sexual con nuestro cónyuge, ya que eso es antibíblico y legalista por más que sea sincero.

(c) *El predicador frente al otro sexo.* Salomón aconseja: *Adquiere sabiduría, adquiere inteligencia* (Pr. 4:5). No permitamos la codicia en nuestra vida. La sabiduría indica que la codicia podrá resultar atractiva a la imaginación pero será destructiva.

Si, por ejemplo, aconsejamos a miembros del sexo opuesto, tengamos sumo cuidado y actuemos sabiamente. Los sentimientos de lo íntimo del ser y las emociones deben estar sujetos al Señor (Sal. 19:14). Seamos cuidadosos con las preguntas que hacemos y asegurémonos de que estén dirigidas a echar luz sobre el problema. Muchos han resbalado por el simple hecho de compartir problemas personales.

La santidad sexual también requiere que nos veamos libres de flirtear, que no juguemos con el lenguaje corporal, que no "desvistamos" al otro sexo con la mirada, que no comparemos a otra mujer con nuestra esposa, que nos apartemos de las insinuaciones de doble sentido. Esto podrá parecer superficial, pero he sido testigo de tristes casos de cristianos que a la larga cayeron por falta de cuidado en estas áreas.

El Dr. Jorge Sweeting, quien fuera presidente del Instituto Bíblico Moody, manifestó: "La caída en la vida cristiana rara vez sucede de repente; por lo general, se trata de un proceso gradual." La caída no ocurre de la noche a la mañana, en un momento de total descuido y explosión de pasiones descontroladas. Cuando un predicador da ese paso fatal, éste se ha estado gestando en su alma durante meses, quizás años. Un cristiano no "cae en pecado"; más bien se mete en él con sus ojos bien abiertos. Al jugar con el pecado se reduce el nivel de sensibilidad, se permiten pensamientos inadecuados. Pareciera que el Espíritu Santo deja de hablar a la conciencia, y antes que uno se dé cuenta, viene la caída.

B. SANTIDAD Y RENOVACION ESPIRITUAL

¿Cómo hace un predicador para mantenerse espiritualmente renovado? Es emocionante leer acerca de la historia de la iglesia y ver que a través de los siglos el avivamiento ha sucedido una y otra vez. Por lo general fueron hombres y mujeres jóvenes que, cansados del *status quo,* buscaron a Dios, meditaron en la Escritura, oraron de rodillas por los perdidos y vieron pecado en ellos mismos y en el pueblo de Dios. Luego confesaron ese pecado, se arrepintieron y por fe aceptaron la llenura de Jesucristo. Entonces comenzó el avivamiento entre el pueblo de Dios, y poco después la cosecha.

1. *Nuestro diario andar con Dios es personal e irreemplazable.*

El secreto está en vivir espiritualmente renovados y cerca de Dios cada día. El predicador no siempre está en el acto de oración, dijo Spurgeon, pero siempre está en el espíritu de oración.[5] Por cierto la adoración diaria, la oración y la

---

5. "Si su corazón está en el trabajo que le incumbe, no puede el pastor comer o beber, tener asueto, acostarse o levantarse por la mañana, sin sentir constantemente un fervor de deseo, un peso de ansiedad, y una simplicidad de su dependencia de Dios; y de esta manera, en una forma u otra continúa su oración. Si tiene que haber algún hombre bajo el cielo, obligado a cumplir con el precepto de 'Orad sin cesar', lo es sin duda el ministro cristiano."

transparencia ante nuestro Señor son su provisión para mantenernos renovados (Sal. 51:1-3). No fue simplemente un gran culto de consagración cuando éramos adolescentes o jóvenes, o alguna gran manifestación de poder divino en una reunión. Lo que trae fruto a su tiempo es el poder diario de "Cristo vive en mí" (Gá. 2:20), que me permite vivir renovadamente (Ro. 12:1-2).

Por otra parte, la Palabra de Dios en nuestro ser permite que el hombre interior se mantenga fuerte y en santidad. *En mi corazón he guardado tus dichos, para no pecar contra ti* (Sal. 119:11).

2. *Una vida familiar santa es la provisión divina para la verdadera frescura en la vida y el ministerio del predicador.*

Cuando estoy en casa, paso tiempo cada día con mi familia. Leemos la Biblia, hablamos de ella, compartimos alegrías y tristezas y oramos el uno por el otro. Esto me mantiene cerca de ellos en el Señor y podemos hablar acerca de casi todos los temas en la presencia de Dios. Además dedico momentos especiales a mi esposa a fin de mantener siempre encendida la llama del amor que nos unió.

3. *La importancia de la comunión con la iglesia.*

La iglesia local es una de las provisiones de Dios para el gozo, la santidad, el crecimiento, la madurez, y —cuando fuere necesario— la disciplina. En la iglesia local debemos servir, no ser servidos. Recordemos que no estamos por encima de los demás. Por otra parte, el Señor ha provisto siervos maduros como consejeros (Pr. 11:14). Ellos son la protección de todo pastor y líder cristiano. Sugiero que cada uno tenga tres o cuatro amigos del mismo sexo con quienes orar y abrir el corazón (Pr. 18:24). Esto ayudará a mantener el equilibrio en la vida.

Nuestra tarea es tener en alto a Jesucristo, predicar su evangelio y edificar a su iglesia. El predicador que sienta una carga por la iglesia, intentará reavivarla por el poder del

Espíritu Santo. Si tiene alguna crítica, la compartirá con el liderazgo en privado y a puertas cerradas.

Los grandes siervos de Dios del pasado aprendieron a amar a la iglesia de Jesucristo después de haber visto sus propias debilidades. Las cuestiones denominacionales secundarias ya no resultaban tan importantes.

Cuando yo era muchacho asistía a una congregación bastante cerrada. El sentimiento subyacente era: "Somos los únicos buenos cristianos en el pueblo. Conocemos la verdad. Los demás están equivocados. ¿Por qué siquiera orar por ellos, entonces?" Pero al crecer en el Señor comencé a darme cuenta de que la gente que ama a Cristo es gente admirable. Podremos no estar de acuerdo en todas las áreas, pero si en verdad conocemos y amamos a Jesucristo, todos somos parte del mismo cuerpo.

No me estoy refiriendo al mero ecumenismo estructural que esconde la verdad en aras de unidad sin fundamento sólido.[6] Hay diferencia entre esa clase de ecumenismo y la auténtica unidad del cuerpo de Cristo, de aquellos que aceptan las verdades básicas de la fe cristiana.[7]

Algunos podremos preocuparnos por algún punto doctrinal y otros por otro. Sin embargo, los grandes predicadores del pasado comprendieron que podemos tener diferencias en cuestiones secundarias. No estamos haciendo de cuenta que no existen, pero lo que creemos se hace evidente, por ejemplo, por la forma en que hablamos, la manera en que escribimos, los versículos que citamos. No pretendemos que todos están de acuerdo con nosotros o que nosotros estamos de

---

6. Ejemplo de ello sería: ¿No crees que Jesús nació de la virgen María? No importa, somos todos una gran familia feliz.
7. Las verdades básicas serían las del credo apostólico. "Creo en Dios Padre todopoderoso, Creador del cielo y de la tierra. Creo en Jesucristo, que fue concebido por obra y gracia del Espíritu Santo. Nació de la virgen María; padeció bajo el poder de Poncio Pilato; fue crucificado, muerto y sepultado ... al tercer día resucitó ... subió a los cielos ... desde donde ha de venir a juzgar ... Creo en el Espíritu Santo, la iglesia ... la comunión de los santos, el perdón de pecados, la resurrección de la carne, y la vida eterna. Amén."

acuerdo con todos. Tenemos nuestras convicciones y nuestras distinciones. No nos olvidamos de ellas ni las abandonamos pero nos decimos el uno al otro: "Te amo en Jesucristo. Puedo ver la presencia de Dios en tu vida. Prediquemos el evangelio juntos por amor a los perdidos, y ayudémonos mutuamente para crecer en la gracia y en el conocimiento del Señor Jesucristo."

* * * * *

El misionero David Brainerd rogaba: "Sólo quiero ser más santo; más como mi querido Señor. Quiero la santificación."

Para concluir, recordemos las palabras de un gran hombre de Dios: "De acuerdo a nuestra santidad, así será nuestro éxito. Un hombre santo es un arma poderosa en la mano de Dios."

Oración del predicador:

Señor, tú estás aquí, presente. Yo estoy aquí, obediente a tu mandato. Voy a proclamar tu mensaje. Tú has prometido bendecir tu Palabra. Por lo tanto descanso en ti con gozo y paz. Gracias porque vas a obrar. Las almas serán bendecidas y Dios será glorificado. Aleluya porque Cristo vive en mí.

APENDICE

EL MENSAJE EVANGELISTICO

La predicación es comunicación. El predicador es un comunicador y cada sermón es una creación espiritual, intelectual, inteligente y poderosa —si en dicha creación interviene el Espíritu Santo.

El mensaje cristiano de corte evangelístico es comunicación creada y basada en la Palabra de Dios, y usada por el Espíritu Santo para llegar al corazón del inconverso a fin de que éste acepte a Cristo en su vida.

En un admirable artículo el pastor luterano George Fry indicó: "Quizás la predicación de la iglesia no es persuasiva porque la deslealtad de nuestra época ha sido el divorcio de teología y evangelismo ... La teología que carece del propósito práctico de ver convertidos degenera en un escepticismo irresponsable. La consecuencia de esta situación es una fe que no es intelectualmente sana ni emocionalmente satisfactoria."[1]

---

1. "Juan Calvino: teólogo y evangelista", por C. George Fry, revista *Christianity Today,* Octubre 23, 1970.
(Obra citada.)

Mientras por un lado tradicionalmente consideramos a Juan Calvino un maestro de teología, un excelente administrador de la iglesia, un ardiente profesor y un autor fogoso, ha sido menos común reconocerlo como uno de los primeros y más importantes evangelistas modernos. Utilizó una habilidosa combinación de teología y evangelismo. El es un excelente ejemplo del teólogo evangelista.[2]

Empleemos la imaginación y seamos creativos al comunicar el mensaje de salvación.[3] Los métodos no son sagrados; pueden cambiarse y adaptarse. Por otro lado el mensaje sí es sagrado y el fundamento jamás ha de modificarse. El mismo apóstol Pablo se acomodaba a todo el mundo (1 Co. 9:22). Cuando quería guiar a un judío a Cristo, se acomodaba a la forma de ser de los judíos; con los débiles él actuaba como débil. A todos se hizo todo para ganar a algunos por todos los medios posibles.

En Hch. 26:17-18 vemos que nuestra tarea a través del poder del Espíritu Santo es despertar a las almas: (1) abrir sus ojos, (2) iluminar sus mentes *para que se conviertan de las tinieblas a la luz*, (3) producir conversión de la voluntad, *de la potestad de Satanás a Dios*, (4) purificar sus conciencias a fin de que reciban *perdón de pecados*, (5) que tengan seguridad de vida eterna, (6) que vivan en santidad, separados para Dios.

---

2. El secreto de Calvino en el arte de testificar puede resumirse de la siguiente manera:
   a. Se dio cuenta de que teología y evangelización van de la mano.
   b. Se dio cuenta de que el evangelismo personal era el trabajo más urgente de la iglesia cristiana.
   c. Se dio cuenta de que el evangelismo doctrinal era el trabajo más socialmente relevante de la iglesia.
   d. Se dio cuenta de que el evangelismo planificado era el trabajo más universal de la iglesia.
   e. Se dio cuenta de que el evangelismo pastoral era el trabajo más unificador.
3. Ver Hch. 17:16-34, cuando el apóstol Pablo está en Atenas, la gran capital intelectual de ese día.

Consideremos siete aspectos del mensaje evangelístico.

1. ***Mensaje temático.*** El mejor enfoque generalmente es optar por un tema (por ejemplo la paz, la felicidad, la libertad, el nuevo nacimiento, la cruz, la sangre) y desarrollarlo. El tema debe resultar interesante para el oyente. Al hablar iremos de lo conocido a lo desconocido, y de lo buscado a lo no buscado pero necesario.

El mensaje evangelístico tiende a ser temático porque siempre se basa en un tema fundamental.

2. ***Mensaje cristocéntrico.*** Al leer los mensajes de los grandes predicadores del pasado, descubrimos que eran plenamente cristocéntricos. Si consideramos sus mensajes palabra por palabra, advertimos un evangelio fundamental y a la vez maravilloso.

Somos llamados por Dios para hablar de Jesucristo a esta generación. Somos sus agentes de relaciones públicas, sus embajadores (2 Co. 5:20). El objetivo es hablar de Jesucristo.

No es posible que alguien sea predicador del evangelio si su tema central no es Jesús. Algunos creen que el evangelio es ayudar a los pobres, sin embargo ése es uno de los muchos *resultados* del evangelio. Otros enfatizan los dones de sanidad —una gran señal del poder de Dios pero no el evangelio en sí. Otro mensaje podría ser maravilloso, intrigante, y hasta podría ser de Dios, pero el pastor, el evangelista y el maestro de la Biblia predican a Jesucristo.

Pablo resume de esta manera las buenas nuevas que predicamos:

> *Además os declaro, hermanos, el evangelio que os he predicado, el cual también recibisteis, en el cual también perseveráis; por el cual asimismo, si retenéis la palabra que os he predicado, sois salvos, si no creisteis en vano. Porque primeramente os he enseñado lo que asimismo recibí: que Cristo murió por nuestros pecados, conforme a las Escrituras; y que fue sepultado, y que resucitó al tercer*

día, conforme a las Escrituras; y que apareció a Cefas, y después a los doce. Después apareció a más de quinientos hermanos a la vez.

(1 Co. 15:1-6a)

Un ejemplo de fidelidad al evangelio en nuestros días es Billy Graham. Hace tiempo las iglesias de Glasgow, Escocia, nos invitaron para una campaña evangelística unos 25 años después que Graham tuviera una cruzada allí. Nos contaron la historia de un viejo pastor de la iglesia escocesa que había ido a escuchar a Billy Graham cada noche. Cuando la cruzada terminó, el pastor dijo: "Dr. Graham, lo he escuchado todas las noches durante seis semanas, y cada noche usted ha predicado el mismo sermón." Con excepción de la introducción y de las ilustraciones, eso es verdad en cuanto a todo el ministerio internacional de Billy Graham. Esa característica hace que lo respetemos y lo tengamos entre los más distinguidos.

Un predicador del evangelio presenta el mismo mensaje una y otra vez. No hay variación en los puntos principales. Los títulos de nuestros mensajes, las introducciones y los ejemplos varían y agregan color y dinamismo, pero al margen de ello nuestro mensaje es el mismo, y hablamos de la cruz, la resurrección, el arrepentimiento, la fe y el compromiso con Cristo. De lo contrario, no estamos predicando el evangelio.

Algunos cristianos dirán: "Ya he escuchado todo esto antes." Por supuesto que lo han escuchado antes. No estamos predicando para ellos; estamos tratando de alcanzar a los perdidos.

El corazón, la médula del mensaje cristiano, puede resumirse en las palabras de Jn. 3:16, el versículo que algunos han llamado el evangelio en miniatura: "Dios de tal manera amó al mundo que dio a su Hijo unigénito". Predicador, sature a la gente con esta verdad, que por la obra del Espíritu Santo pueda incrustarse en la mente del hombre y permanecer allí para siempre.

3. *Lenguaje sencillo.* El lenguaje es un puente en la comunicación, y a menos que la gente lo entienda, es ineficaz.

Es crucial que el mensaje evangelístico sea predicado con lenguaje sencillo y comprensible. No ha de ser un tratado teológico profundo, ni tampoco un estudio bíblico. Todo eso es magnífico para los que ya están en "el reino", pero por amor a los que están afuera es necesario hablar con sencillez y hacer a un lado la jerga cristiana evangélica. Palabras como *justificación, redención* y *regeneración* carecen de significado para quien no es creyente en Cristo. El predicador debe simplificar los términos difíciles, o bien usarlos y explicarlos inmediatamente, a fin de poder llegar al corazón de todos los oyentes.[4]

No me considero un buen predicador. A veces me parece que soy sumamente aburrido. Por otra parte, no hay mucha variedad en lo que digo. Creo que la única razón por la que Dios me usa es que soy simple y explico su Palabra con sencillez de manera que cada uno entiende cómo puede obtener vida eterna.

4. *Mensaje e ilustraciones.* Las ilustraciones y los ejemplos ayudan a mantener el interés de los oyentes. Alguien dijo que las ilustraciones son como abrir una ventana en una habitación cerrada. Además, la ilustración debe ilustrar una idea o pensamiento, y no simplemente estar allí porque es graciosa y dinámica.

Lo ideal y lo más eficaz es que el predicador use ejemplos e ilustraciones actuales y acordes al tipo de público. De ser posible, los ejemplos deben tomarse de casos de la vida

4. Mi colega Jaime Mirón vivió una experiencia que ilustra la importancia de emplear palabras sencillas. Jaime estaba en la plaza de una populosa ciudad con el fin de escuchar a varios hermanos predicar el evangelio en una reunión al aire libre. El mensaje fue predicado fielmente, pero en términos tan académicos que se hubiera necesitado un diccionario de teología para entenderlo. Como resultado, los oyentes no comprendieron y se burlaron de los cristianos que habían predicado, y éstos se fueron suponiendo que habían sufrido "por causa de la justicia".

cotidiana, y de cuestiones que resulten familiares a quien escucha.

5. ***Mensaje de buenas noticias.*** El mensaje evangelístico no debe ser plataforma de ataque a cierto tipo de personas como si fueran peores pecadores que otros, ni tampoco debe ser ataque de ideas políticas. El mensaje de buenas nuevas es para *todo el mundo* y gira alrededor de la persona de Jesucristo, exaltando su divinidad, santidad, su muerte en la cruz y gloriosa resurrección.

Nuestro objetivo en el mensaje evangelístico no es atacar al oyente ni ganar discusiones sino conquistar corazones para Dios. No se dé el lujo de ofender a los demás. Proclame de manera positiva y con poder de lo alto las buenas nuevas de vida eterna.[5]

6. ***Forma y estructura.*** Como en todo otro sermón, el evangelístico debe tener cierta forma y estructura. Al preparar el mensaje, mi sugerencia es hacer una lista con el propósito principal, el tema, la manera en que lo enfocará, etc. Recuerde que en un sermón de corte evangelístico uno debe ir de lo que el oyente ya conoce a lo que desconoce. Póngase en lugar de su audiencia y desarrolle el sermón desde esa perspectiva. Cuando uno predica un mensaje temático, debe evitar la tentación de saltar de un pensamiento a otro, sin una transición lógica.

Piense en la *introducción.* Las primeras palabras son de importancia suprema. Si usted comienza a hablar en forma aburrida y monótona, es probable que no cuente con la atención del público. Si por el contrario comienza de manera dinámica, entusiasta e interesante, los oyentes están en sus

---

5. En su libro *Cristianismo básico,* John Stott da un excelente punto de partida en cuanto al contenido básico del mensaje evangelístico: (a) La persona de Cristo; (b) la necesidad del hombre; (c) la obra de Cristo; (d) la respuesta del hombre.

manos para que, luego de la introducción, tengan sus oídos abiertos a la parte central del mensaje.[6]

Es aconsejable que el *cuerpo central* del sermón cuente con tres puntos principales; tres puntos son fáciles de recordar.

Y por último viene la *conclusión,* que en un sermón evangelístico es invitar al oyente a tomar una decisión por Cristo. En este momento culminante, el predicador habla con autoridad divina y demanda entrega, aceptación, arrepentimiento y fe en la verdad del Cristo que acaba de proclamar.

7. ***Necesidad de un clímax.*** El mensaje evangelístico debe llevar a un clímax de decisión. Habrá aceptación o rechazo, pero no neutralidad. Confrontemos al oyente con la necesidad de una decisión, y presentémosle una encrucijada. En la Biblia hay demandas (Mt. 4:19) y se habla de decisión (Jn. 3:36). El inconverso debe comprender lo crucial de la decisión. Esta decisión de creer es un acto de la voluntad.

Al hablar de clímax no me refiero a algo emocional sino espiritual. Haga que el oyente se encuentre ante una disyuntiva y se pregunte: ¿Qué voy a hacer con Cristo?

Importancia de la invitación

Muchos cristianos ya no persuaden a los inconversos a seguir a Cristo pues están convencidos de que testificar de Cristo es hacer tragar el evangelio a viva fuerza; no testifican pues creen que es suficiente "predicar con el ejemplo".

La sofisticación podría llegar a ser otra barrera en el evangelismo que demande decisión del oyente. Adoptamos los valores de nuestra sociedad, y no queremos ofender a

---

6. Hay dos ideas que debemos tener en mente en forma continua. En primer lugar, cuál es la doctrina básica que quiero enfatizar en el mensaje. En segundo lugar, cuál es la necesidad del oyente, en qué está interesado. De alguna manera, debo conectar la doctrina principal del mensaje con esa necesidad del oyente.

nadie, parecer raros ni perder nuestro *status*. Otros cristianos creen que la salvación es responsabilidad exclusiva de Dios, que sólo a El le corresponde intervenir, y por lo tanto no sienten necesidad de persuadir a los incrédulos. Sin embargo, el objetivo de cada creyente en Cristo —y cuánto más de los predicadores y comunicadores cristianos— es entregar el mensaje de salvación y persuadir a otros a que se arrepientan y crean (2 Co. 5:11-13).[7]

No sugiero que haya que apelar al emocionalismo ni tampoco tener un llamado a la consagración o a la entrega a Cristo cada cinco minutos. Pero si tememos ofender a alguien al hacer una invitación, el evangelismo se estanca y se vuelve inerte. Quienes quieran predicar un evangelismo poderoso deberán practicar un evangelismo de decisión. No basta una presentación del evangelio de manera teológica, doctrinal y bíblica, ya que eso es vital pero incompleto. Yo lo llamo "evangelismo de educación". La predicación del evangelio debe ir acompañada de una invitación a los que han oído la Palabra y deseen recibir a Cristo.

Si usted quiere ver fruto en la predicación del evangelio, dé a la gente la oportunidad de tomar su decisión. Esto no significa insistir para que levanten la mano o se paren, sino darles una oportunidad clara, abierta y equilibrada para que reciban a Cristo. *He aquí yo estoy a la puerta y llamo; si alguno oye mi voz y abre la puerta, entraré a él, y cenaré con él, y él conmigo* (Ap. 3:20). Cristo está diciendo al oyente que debe abrir la puerta, que debe creer.

Al comunicar el mensaje y hacer la invitación, confrontemos al inconverso con compasión y amor a fin de que no cierre sus oídos ni su corazón a la voz de Dios.[8] Cuando yo era muchacho, con otros jóvenes cristianos habíamos formado un pequeño equipo evangelístico. Para animarnos en el

---

7. Hay peligro en la extrema exaltación de palabras amables, un mensaje indirecto y los métodos "discretos" y carentes de confrontación.
8. Ver Jos. 24:15; 1 R. 18:21; Mr. 10:21.

ministerio varios hermanos de la iglesia compraron una carpa y nos pusieron a cargo de las reuniones. Nos dieron amplia libertad de acción pero nos hicieron una advertencia: no debíamos hacer invitaciones públicas para que la gente recibiera a Cristo. Yo estaba de acuerdo con ellos. Me desagradaba profundamente que algunos predicadores tuviesen un mensaje de 20 minutos y luego pasaran más de media hora haciendo la invitación y casi forzando a la gente a recibir a Cristo. Por cierto que los extremos son negativos. Yo sólo conocía ese aspecto de la invitación en un mensaje. Sin embargo, pasaron los meses y fui dándome cuenta de que un mensaje sin invitación específica era una predicación incompleta. Reconocí mi error y comprendí que la invitación debía formar parte de un mensaje evangelístico, aunque habría que hacerla con equilibrio. La oportunidad de "probar" llegó.

Habíamos ido a predicar a otro pueblo, y esa noche el salón se había llenado. Yo estaba impaciente por predicar y porque iba a hacer la primera invitación pública de mi vida. Mi mensaje fue sencillo, basado en uno de mis textos predilectos, Juan 10:28. Antes de concluir hice la invitación, de la misma forma en que lo he hecho en los años siguientes. Pedí que si deseaban recibir a Cristo, inclinaran la cabeza y oraran al Señor en su corazón. Luego pedí que levantaran la mano quienes hubiesen orado conmigo. Conté treinta y cinco manos y me asusté. Era obvio que los críticos tenían razón. Era todo manipulación emocional.

—Pueden bajar sus manos. Gracias. Ahora déjenme explicarles de nuevo —dije, y dediqué otra media hora al pasaje, poniendo en claro cada aspecto, asegurándome de que comprendían el significado de la vida eterna y de una relación personal con Cristo. Oramos de nuevo y pedí que levantaran las manos: esta vez eran treinta y siete...

Es cierto que ése fue un caso excepcional, sin embargo, me dejó marcado de por vida. Hay quienes podrán criticar mi a veces insistente invitación. La experiencia de mi madre me ha hecho tomar esa determinación. Ella una vez me confesó: "Luis, muchas veces estuve a punto de recibir a Cristo, pero no lo hice porque el predicador no me daba la oportunidad. Te aconsejo entonces que cada vez que prediques el mensaje de salvación hagas la invitación para que la persona reciba a Cristo. Recuerda siempre que tal vez ésa sea la última oportunidad que tenga para recibir al Señor."

Carlos Finney fue el padre del evangelismo moderno. Poco después de su conversión a Cristo comenzó a celebrar en forma sistemática reuniones de evangelización. A los cuarenta años de edad tuvo una serie de conferencias, y tantas almas se entregaron a Cristo que en un año se formaron siete iglesias, todas apasionadas por la evangelización. Me fascinó enterarme de que *Finney abrió la brecha en materia de confrontar al perdido con una decisión inmediata por Cristo.* Como abogado que era, después de haber presentado su caso, demandaba un veredicto. Un ejemplo para poner en práctica.

El evangelio es una invitación, una gran invitación a que la gente regrese a Dios, por lo tanto la invitación es parte integral de todo el paquete.

¿Predica usted un evangelio que demanda decisión? ¿O acaso presenta un mensaje diluido que deja a la gente con una sensación agradable en cuanto a usted como comunicador pero nada más...?

¿Cuanto tiempo tendrá que esperar la gente hasta oír el evangelio y luego ser confrontados con la invitación? Jamás olvide que tal vez alguno regrese a su casa sin haber tomado la decisión por Cristo, y nunca vuelva a tener otra oportunidad.

Predicar el evangelio es embarcarse en guerra espiritual, ya que al evangelizar estamos liberando a la gente del reino de las tinieblas y conduciéndolas al reino de Dios. Antes de predicar el evangelio hay varias cosas que recuerdo y me digo: (1) Dios está siendo glorificado pues está acá y está en mí; (2) predicaré su Palabra, de modo que no debo sentirme inseguro; (3) tengo fe en Dios pues El está aquí; (4) Dios habla a través de mí; (5) espero que Dios haga la tarea y convierta a los pecadores; (6) reconozco que por mí mismo no puedo hacer nada, y humildemente confío en Dios; (7) pienso en los perdidos y en su destino eterno, y pido al Señor que me dé compasión por ellos; (8) pido a Dios que reavive a los cristianos a través de la verdad del evangelio; (9) espero cosecha de almas; (10) recuerdo que tal vez ésta sea la última vez que escucharán el mensaje, y pido a Dios que me dé sentido de urgencia.

La incompleta tarea de ganar al mundo para Cristo es enorme. ¿Está usted dispuesto a mostrar compasión por los perdidos y a tener un sentido de urgencia en ganarlos para Cristo? ¿Está usted dispuesto a ser un obrero de Dios y a servirle con valentía santa?

Comience a actuar ya mismo para acabar el trabajo que aún hay por delante.

Para recordar:

1. Diagnóstico del ser humano
    * El ser humano no desea a Dios (Ro. 1:28), por eso por regla general no va a escuchar el evangelio.
    * Los inconversos no desean vivir en santidad (Job 21:14-15)
    * Los inconversos no desean vivir controlados por Dios (Lc. 19:14; Jn. 3:19; 12:43; 1 Ti. 6:10; 2 Ti. 3:2).
    * Los inconversos no desean a Cristo como Salvador (Jn. 5:4). Hasta los muy religiosos se incomodan cuando hablamos de la necesidad de un salvador.

2. Diagnóstico de los inconversos en cuanto a su entendimiento
    * Son ignorantes de las cosas de Dios (1 Co. 1:21).
    * Son ignorantes del regalo de Dios (Jn. 4:10).
    * Son ignorantes de su verdadera condición perdida.
    * Son ignorantes de los caminos de Dios (Ro. 3:17).

3. Diagnóstico de los inconversos en cuanto a su voluntad
    * Su voluntad está en esclavitud y tiene prejuicios (Jn. 15:25).
    * Son esclavos de las pasiones (Gá. 5:17).
    * Son esclavos del orgullo (Mt. 18:3).
    * Son esclavos del temor. Lc. 14:27 atemoriza a muchos, y por eso no quieren seguir a Jesús.

BIBLIOGRAFIA

FOUNTAIN, Thomas. *Claves de interpretación bíblica.* Buenos Aires: Casa Bautista de Publicaciones, 1971

GIBBS, Alfredo. *Lecciones para el que quiere predicar.* México: Emmaus, 1972

SPURGEON, C. *Discursos a mis estudiantes.* Casa Bautista de Publicaciones, 1981

STIBBS, Alan. *Exponiendo la palabra.* San Ignacio, Misiones: Hebrón, 1977

STOTT, John R. W. *Cómo comprender la Biblia.* Buenos Aires: Certeza, 1977

________. El cuadro bíblico del predicador. Clie, 1975.

TENNEY, C. Merrill. *Gálatas, la carta de la libertad crisitiana.* Michigan: Ed.Tell

TORREY, R. A. *Cómo estudiar la Biblia.* San José: Caribe, 1961.

TRENCHARD, Ernesto. *Normas de interpretación bíblica.* Madrid: Ed. Literatura Bíblica, 1972.

________. *Consejos para jóvenes predicadores.* Madrid: Ed. Literatura Bíblica, 1961

WRIGHT, CHRIS. *Guía del lector de la Biblia.* Miami: Unilit, 1984